［日］斋藤茂男 著

王天然 译

何谓教育

光明中的黑暗

浙江人民出版社

图书在版编目（CIP）数据

何谓教育：光明中的黑暗 /（日）斋藤茂男著；王天然译. — 杭州：浙江人民出版社，2022.8（2022.10重印）

ISBN 978-7-213-10591-3

Ⅰ.①何… Ⅱ.①斋… ②王… Ⅲ.①教育研究-日本 Ⅳ.①G531.3

中国版本图书馆CIP数据核字（2022）第074307号

浙江省版权局
著作权合同登记章
图字：11-2021-002号

SAITO SHIGEO RUPORUTAJU NIHON NO JOKEI
VOL.5: KYOIKUTTE NANDA [JO], HIKARI NO NAKA NO YAMI
by Shigeo Saito
©1993 by Yoko Saito
Originally published in 1994 by Iwanami Shoten, Publishers, Tokyo.
This simplified Chinese edition published 2022
by Zhejiang People's Publishing House, Zhejiang
by arrangement with Iwanami Shoten, Publishers, Tokyo

何谓教育——光明中的黑暗

[日]斋藤茂男　著　王天然　译

出版发行：浙江人民出版社（杭州市体育场路347号　邮编　310006）

市场部电话：(0571)85061682　85176516

责任编辑：周思逸　鲍夏挺

特约编辑：AOI

营销编辑：陈雯怡　陈芊如

责任校对：张志疆

责任印务：幸天骄

封面设计：厉　琳

电脑制版：杭州兴邦电子印务有限公司

印　　刷：浙江海虹彩色印务有限公司

开　　本：880毫米×1230毫米　1/32　　印　　张：9

字　　数：201千字

版　　次：2022年8月第1版　　　　印　　次：2022年10月第2次印刷

书　　号：ISBN 978-7-213-10591-3

定　　价：48.00元

关于《日本世相》

这套《日本世相》一共十二册，是纪实文学作品。二十世纪七十年代到九十年代间，我采访过很多普通人，记录下他们的生活实景和心理状态，于是有了这些"日本世相"的点滴。

当时想采访的主题很广，主要包括在经济高速增长的背景下，工厂与工人、学校与孩子之间的矛盾，夫妻之间的纠葛，家庭关系的破裂，以及两性关系、衰老、残障儿、生命……采访对象也形形色色，乍一看，似乎完全没有头绪。

原本我没想好是随性而为还是当正式工作去做，只是偶然观察到一些社会现象，嗅到了"时代表情"的气息，于是顺着这个主题去取材，竟发现了从未察觉的全新领域。我被深深吸引了，像是有神的启示，让我睁开好奇的双眼。我这才找到着力点，开始深入挖掘"初心"。虽然最初的题材有些虎头蛇尾，但在此范围里，我找到新目标，一边采访一边发现了更多新内容……

这种随性的摸索，最终带来了这套纪实文学作品。

话虽如此，但其实我自己也有一直想做的课题——"资本主义与人类的关系"。这个课题像低音回旋般，一直在心中回荡。大环境下，我们眼前一片繁荣，但只要稍微切换舞台，就能看到各类被异化的群体，他们深受各种打击。所有人都陷入一个巨大装置，努力把时间变为金钱，被强迫着，要更快、更有效率地活着，哪怕超越了身体极限，也不能浪费一分一秒。这种节奏让我们无法按照自然时间生活，过有生命力的生活。我们只觉得身心俱疲，不断被压榨着。外部世界看似华丽，内部却可怕地快速运转着，不断地把人卷入其中。不知所措的焦虑、充斥于心的空虚……终于有一天，忍不住爆发出来：我们究竟在干什么！然而，也只是那么一瞬间而已，转眼工作来了，我们像自动切换模式的机器，迅速回到现实，按照既定方式，扮演既定角色。如果这就是现实，那日本的资本主义究竟是什么，即便它带来了第二次世界大战后的社会繁荣——这是我的思考，我想亲自找到答案。

这套《日本世相》，每册的主题不同，但有一个共同的出发点和采访动机，那就是我想要挖掘出"桎梏的结构"。而且，从一个主题到另一个主题，采访过程也前后呼应。这十二本书相互关联，可以视为一个整体。

借这次整理的契机，我把之前零碎的内容整合起来，就像把散乱的石子排列整齐那样。但如何叙述采访对象经历的时代碎片，如何表达当下的现状，如何描述今后的发展，我依然在不断思考。我想从这些角度捕捉我观察到的整个时代的意义。幸运的是，我有得力的同行者，上野千鹤子女士、镰田慧先生、岸本重陈先生、汐见稔幸先生等，他们都在用自己独特的方式挖掘社会的本质，和我一道完成这一工程。在这套共同完成的"作品"里，日本世纪末的景象会是何种模样呢？

斋藤茂男

一九九三年秋

目　录

前　言

从一九七五年春天开始大概一年的时间里，我作为一名共同通信社的记者，和两名记者同事一起，奔走在教育议题前线进行采访。我们将采访报告汇集成了九十八篇连载稿件，由共同通信社以"何谓教育"为题发布了出来。这些报道被刊登在从北海道到冲绳的大概三十份国内报纸上，或许有读者会用"啊，这么说来……"的方式来提起我们的报道。

在推进采访的过程中，很多来自教育一线的老师、教育问题研究专家以及母亲们给了我们很多指点和帮助。以采访为契机，我们结识了教育月刊杂志《人》的各位成员。《人》的编辑代表是数学家远山启，他近年来一直对"如何优化教育"这一议题很有兴趣。当连载即将接近尾声的时候，我们收到了来自远山先生等人的消息：

> 你们的连载我一直在读，我认为里面的内容非常值得一线教师和母亲们一读。我读过之后，想要和你们就如何改变教育现状一题进行讨论。

他们还谈到了由《人》的发行方太郎次郎社出版这一书稿的

提案。

身为记者，我们通常会在自己的稿件变成文字被印刷在纸上的那一瞬间，产生一丝丝虚无的满足感，并以此为终结。花费心思写下的一行行文字，在那一瞬间即决定了成败，新闻报道的生命力也在那一瞬间烟消云散。这种转瞬即逝的感觉一直伴随着这份工作。然而，如果我们的工作随着连载的终结而结束了，却又以书籍的形式，能够为改善教育现状做出点贡献的话，这对我们新闻报道者来说，别提有多快乐了。自己写的报道，不只是一件商品，还能将那些想要改善教育现状的人们紧密连接起来，这真是太棒了……我们不由得展开了想象。获得了共同通信社的同意后，我们响应了远山先生的提议。就这样，这本书诞生了。

本书的采访和写作是由我和社会部的横川和夫、池田信雄三人完成的。我们的年龄分别是年近五十岁、年近四十岁和三十岁出头。

报道连载时期的结构和采访的时间安排，具体如下：

第一部《黑暗地层》 以儿童的自杀与不良行为、教师所面临的挫折等为报道对象的文稿（一九七五年四月至五月）。

第二部《荣光地狱》 涉及辅导班或升学班[①]和孩子们的文稿（一九七五年六月至七月）。

① 辅导班的日文原文为"塾"，升学班的日文原文为"進学教室"。汉语中这两者名称相似，但在日本，这两者的侧重点不同。辅导班一般是指导学习成绩欠佳的学生查漏补缺的机构，而升学班则多是为成绩优异的学生提供强化训练的机构。——如无特别说明，本书注释均为译者注

第三部《苦难的岁月》　时值二战后第三十年的败战之日，追寻从战前到战后岩手县教师经历的文稿（一九七五年七月至八月）。

第四部《看不见的牢笼》　试图记录生活在爱媛县和栃木县被管控网络中的师生们状态的文稿（一九七五年九月至十月）。

第五部《游戏玩家》　通过静冈县一位教师的课堂，思考如何从废墟中逃离出来的文稿（一九七五年十二月至一九七六年二月）。

第六部《为了成为人》　通过追踪一位精心备课的女教师，追问何谓学习能力、何谓公共教育的文稿（一九七五年十二月至一九七六年三月）。

第七部《无序的世界》　对全部文稿的总结（一九七六年三月）。

在将以上内容汇总成书之时，我们把以"黑暗之情景"为主题的第一、第二、第四部编为《何谓教育——光明中的黑暗》，把聚焦于"黑暗中之光"的第三、第五、第六、第七部编为《何谓教育——黑暗中的光明》。同时，将未被收录到连载中的素材和我们身为采访者的感想等内容，以采访笔记的形式加在了各个部分中。

从整体来看，这些报道被分为了"黑暗"篇和"光明"篇，但在现实中，这两者是紧密相连的。我们的采访虽然以"黑暗"为出发点，但正因如此，"光明"才显得格外耀眼。同时，通过追逐"光明"的内核，我们也看到了平时未曾察觉的"黑暗"的深邃。尤其是《何谓教育——黑暗中的光明》中收录的数个有关"光明"的画面，让我们深刻地体会到，在开始采访之前脑中漠然刻画出来的东西，仅仅停留在了感伤的层面。对我们来说，这是一份有着崭新发现的记录。希望读者们能够从整体上，将这部纪实文学作品看作是从光明到黑暗、再从黑暗到光明的一个连环来阅读。

斋藤茂男

一九七六年六月

— "我们"的事情 —

"我"也被卷入状况之中

首先，我想向本书的各位读者说一说，我们是以何种姿态面对这份工作的，并对一些关于我们个人的情况作出解释。

为这部纪实文学作品展开采访和写作的三个人中，我和横川曾短暂地担任过跑文部省条线的记者。虽说我们曾逐字逐句解读过文部省和中教审①等机构发布的政策及改革方案，也曾根据从日教组②领导们处听来的间接信息，满脸得意地解说过教育"现状"，然而，我们从未踏足过真正的教育现场。换言之，我们三个人，是从未目睹过教育议题本身的门外汉。因此，即使我们经常写相关报道，也无法从自己的文字中体会到真实感。我们一直想有这样一个机会：能够不再依赖于从"上面"来的间接信息，而是用自己的手去触摸那种与具体的形状、颜色和声音一起运转

---

① 即中央教育审议会，是设立于日本文部科学省的审议会，文部科学大臣的咨询机构。

② 即日本教职员组合，成立于一九四七年，成员多为公立学校教职员。除了关心教育问题，该团体经常参与政治活动，如主张罢工、反战、环保等。

的，有真实的人存在的教育。

对于我们来说，仅有的能够切身体会什么是教育的机会，便是通过自己的孩子，以及从孩子出发，观察学校和老师们。刚开始采访的时候，我有三个正在读初中、高中的孩子，横川则是三个小学生和一个幼儿园孩子的父亲。

横川有个儿子，这个儿子属于常说的"差生组"。在他四年级的时候，横川看到他拿回家的算术考卷，吃了一惊。儿子把"100+3"算成了"1003"，被老师批了×号，却很无所谓。怎么会这样呢？作为性格温和的长男，想必在班上被当成了"来做客的"学生——与其向学校老师发一顿火，做父亲的还不如自己给孩子上算术课。然而，过了一段时间，儿子却在早上要去上学的时候突然吐了起来，于是家长向学校请了假，那天很快便恢复了平静。第二天的同一时间，儿子又突然说肚子痛、想吐，但只要决定不去上学了，他的身体便立刻恢复健康，随后的一天也是如此。这种像拒绝上学症一样的状态持续了一周之后，谜底终于被揭开了。

原来，横川的儿子一直因为自己在音乐课上不会吹竖笛而烦恼。只要能吹出声音，老师就会在笛子上缠一圈红胶带，但班上只有他和另外一名同学还没有得到这个红标记。意识到是这个原因之后，这位父亲便陪着孩子一起练习，可就连大人也很难把竖笛吹出声音。父子俩经过一番"苦战"练习，儿子终于吹出了声音，第二天，他便健健康康地去上学了。

听了这件事，我也想起了我的孩子小时候的事情。我儿子小的时候，格外少言寡语。他无法与别的孩子成为朋友，让做父亲的我很是烦恼。那是我因工作调动到关西，儿子升入小学后第一学期结束时的事情。对于因为这种烦恼而谨小慎微的父母来说，学校的老师是能够帮助我们解放孩子内心的唯一依靠，但是，身为班主任的单身中年女教师却非常冷淡：

"别的班上的老师对我说：'你班上有那样的孩子，可真不容易呀。'这孩子在游泳池里也是独自默默地站着。市里面有教育咨询处，你们去那儿试试吧。"

从老师的话中，我丝毫没有感受到她想要与家长一起帮孩子克服障碍的意思。我们抱着等待台风结束的心情度过了两年时光，那位老师终于调走了。而在她新调任小学的班上，正好有我熟人家的小孩。有一天，这位熟人找我聊天，说到这位女教师总是会对没有吃完学校配餐的小孩严加斥责，他的小孩因为这位老师的强迫，吃完了配餐却吐了，还开始变得讨厌去上学，父母因此大为苦恼。因为我是过来人，这位熟人便想问问我，到底怎样才能既不惹老师生气，又能跟老师进行有效的沟通。

终于，我再次因为工作的调动而回到了东京，于是又结识了一位与众不同的老师。因转学造成的心理负担，让内心本就脆弱的孩子更加消沉。这次的女班主任N老师，能够非常体贴地关注到孩子的这种状态：

"要是我能早点做他的班主任就好了。这孩子既能认真地思考问题，又能耐心地进行观察，身上有很多的优点，不能因为孩子不开口说话就批评他。如果能让孩子把优点发挥出来，那他一定比现在更积极。"N老师这样说道。

秋天的运动会结束后不久，我在老师分发下来的油印版学校通信上，看到了儿子写的关于运动会的作文。后来我才知道，并不是因为这篇作文写得特别棒，而是老师为了鼓励孩子，期待他能振作起来才这样做的。然而，令孩子非常难过的是，因为父母的工作调动，他随后又转校到了第三所小学。就这样，突然有一天早上，他不去上学了。

那时候，"拒绝上学"①这个词语还没有在社会上流传开来。我只是一味地认为，不能让孩子这么脆弱，便心急如焚，甚至会拉着他的衣领把他搜到家门口。从来没有高声说过话的孩子，紧紧抓着家门大声哀号。我并不知道孩子拒绝上学的原因，连着好几天早上都这样对他施暴，自己也内疚不已。我至今不能忘记孩子哭喊的声音和像在乞求饶命一样悲哀的眼神。

我另一个儿子所在的公立初中，把严格管理学生的发型和服饰当作理所应当的事情。值周生会揭发同伴的违规行为，违规三次的同学就会在晨会②上被点名批评，还要在全校师生面前做自我检讨。我儿子的同伴们对这种形式的管理方式习以为常，被指责了就说一声"对不起"，糊弄着道个歉。我儿子平时就对他们这种行为很是恼火。有一天，他在晨会上做自我检讨的时候，竟然呼吁大家"不要盲从，要想想什么才是适合我们的规则"，就这样，他的班主任立刻把我们叫到学校去了。时间正好卡在了临近三年级第二学期期末考试的节骨眼上，而这次考试又将决定孩

---

① 日文是"登校拒否"，指日本的中小学生因为心理原因（在学校受欺负等）而拒绝上学的行为。这一现象从二十世纪八十年代开始，成了日本的社会问题。
② 日文是"朝礼"，日本的大部分中小学都会在每周一举行晨会，全校师生一同参加。晨会的目的是发布通知、对学生进行训诫和鼓励，以此来构建学生们的集体意识。

子们在中招时会获得怎样的调查书①。班主任老师说完早上这件事之后又说道：

"今天，教员室的同事们说：'那家伙是个愣头青，就算他考了一百分，我也不会给他打五分②的。'我能理解您家孩子的心情，甚至觉得他可真敢言呀，但是，的确是有会因此而打低分的老师呀。现在是紧要关头，希望您能让孩子谨言慎行一些。"

竟然有老师因为孩子提出质疑、想要自己制定规则，想到了用"分数"的手段进行报复，这让我大为吃惊。

这个初中的PTA③财政预算里，每年都有一笔支出，专门用于购买一份我从未听说过名字的当地报纸。得知此事的一位家长对教导主任说"从来没见到过这份报纸"，谁料教导主任竟低声说道："学校里也没人读过，可要是不订这份报纸的话，万一学生们惹出点什么事情，就会被他们添油加醋地乱写一通，所以……"教导主任用一种"没办法"的语气，扯开了话题。

我还遇到过一次因为父母们写的PTA报纸稿件里出现了批评学校的内容，老师们就把内容改掉的情况。虽然家长们都对此颇为不满，但又怕孩子被老师们报复，或是早就对老师们失望透顶，所以没人出来反抗。这个恶性循环也波及了我家，孩子母亲

---

① 日文为"内申点"，也称作"内申书"或者"调查书"。在日本，学生参加中考时需上交一封由初中学校老师提供的调查书，内容包括学生在初中的成绩和日常表现等，一般分为"知识""技能""思考·判断·表达""态度"四个部分。考生本人无法知晓调查书的内容。

② 指调查书上的打分。调查书上不仅有文字内容，还需将文字内容分数化。其中，定期考试的分数在九十五分以上，才能在调查书上获得五分。

③ Parent Teacher Association的首字母缩写，也叫"家长教师联合会"。

的烦躁也使我这个做父亲的烦躁了起来。

对于在外工作的男人们来说，关于孩子的情况很让人揪心。但是，这种微小的、令人感到拘束的"教育体验"累积起来，大概也间接地让很多父亲开始默默地对学校和教师们产生了疑问和不信任的感觉吧。在成为一名记者之前，我们首先成为了一名体验者，对教育议题进行着近距离的观察。

回响于我心中的事情

作为记者，我们也想从个人体验的视角来讨论教育议题。

不同于小说或者评论这样的个人署名稿件，大部分刊登在报纸上的报道虽然也经由一名名记者之手，但是为了证明报道的"客观性"，并不会标注记者姓名，记者的身影被隐藏在了报纸背后，读者则只能听到"某某新闻"这样空洞无物的"法人"的声音。实际上，"法人"看似客观讲述的新闻报道，也是每一名记者综合运用自己的感觉、知识和判断力，从诸多事实中选取能展现事物本质的部分而创作出来的，其实也算是主观感受的产物。

在撰写这部纪实文学作品的时候，我们将试着强调这种主观感受。一般来说，为了体现客观性，记者们会克制想要呈现个人情感的欲望，但我们打破了这种通常的习惯，将"我"或者"我们"呈现在报道中。我们试着将采访过程中映入内心的东西，转化为反映报道主题的素材，呈现在读者面前。

当今日本的教育现状不是以所谓的客观报道的方式就能描绘出来。换言之，这样的状况迫使我们作为活生生的现代人，而非记者来作出反应。之所以会采取这种报道方式，是因为我们感受到了一种紧迫感。这种个人感情很强的表达方式是否符合当今大众传媒的标准？对此，我们并没有确切的理论可以参考。或许可以说，正因为与众多孩子每时每刻的成长相关联，所以我们才没有犹豫不决。

但是，直到真的由"我"开始讲述故事之时，我才明白，这比将自己藏在报道背后要难得多。只要"我"出场，就需要更加严密的现实感来支撑起论述中的客观基调，也要时刻警惕会损害现实感的感伤情怀。不仅如此，大概是因为早已经习惯了为了"客观"而克制自己的欲望，我发现，在向人们讲述的时候，我总是要尽量减少自己的身影，这甚至会让我有些许寒意。

就这样，我又是担心这个，又是顾虑那个。起初，我一腔热血想要把"我"的故事生动地讲出来，却迟迟也不能动笔。尽管如此，我们还是抱着会出丑的觉悟，保持住了那一份率直。

从清理死亡的周边开始

我们并非专业做教育报道的记者，但有一件事引起了我们对教育问题的强烈关注。那就是，最近这些年，我们时不时地在日常工作中遇到儿童自杀的情况。国会要求对此进行调查，文部省于一九七二年（昭和四十七年）开始通过全国都道府县的教育委员会统计自杀案件的总数。统计发现，在一九七〇年至一九七四年的五年间，仅公立初中、高中所上报的自杀人数，就达到了一千二百二十九人，平均每年都有超过二百四十名儿童死亡。这到底在暗示着什么呢？

一九七五年春天，我们决定开始正式采访。早在一月，就已经传来了孩子们死亡的信息。曾经，中小学生的自杀事件会成为大新闻，但渐渐地，新闻报道也变得不起眼了，因为这已不再是什么稀奇的事情了。

"再这样下去，也许会像交通事故一样，有些案子将会连报纸都登不上了吧……"出于这种考虑，我们拜托共同通信社在全国的分社，将当年一月至三月底发生的大大小小的儿童自杀案件全部汇总起来。数日后，各地分社纷纷送来报告。不出所料，虽然有些案子已经被东京发行的报纸报道了，但也有未被报道的，还有只在当地报纸上报道过、没有被东京的报纸报道的案子，我们又一次被这种不断扩大的事态所震惊。因为只收集了最简单的数据，我们并不了解自杀案件背后的情况。同时，大部分数据都是基于警方提供的材料得出，孩子内心复杂的想法都变成了诸如"苦于学业不佳"或者"有精神疾患的倾向"等大同小异的文字。然而，即便如此，孩子们死去的事实仍然沉甸甸地留在我们的手上。在我们当时收集的资料里，小学生和中学生的死亡案件有以下这些：

★一月六日 大阪市的初中三年级男生（十五岁），因被父母训斥，要求他终止与女性朋友的交往、努力准备升学，开煤气自杀。

★一月七日 大阪市的初中三年级男生（十五岁），疲于备考学习，开煤气自杀。

★一月八日 新潟县中颈城郡的小学五年级女生（十

岁），在自家屋后的树上用塑料绳上吊自杀。之前，她因弄丢了寒假作业而苦恼。

★二月六日 和歌山市的小学六年级女生（十一岁），因为忘带作业版画的底图，在美术课时从校舍四楼跳下，自杀未遂（受重伤）。该生是儿童会①的副会长，成绩优异。

★二月七日 埼玉县朝霞市的初中三年级男生（十五岁），苦于中考而在仓库中触电自杀。

★二月二十八日 富山市的初中三年级男生（十五岁），深夜在自家将尖锐物刺入心脏而自杀。此前，他因转校后交不到朋友且成绩下滑，不知道该怎么选择志愿学校。

★三月六日 秋田县仙北郡的小学六年级男生（十二岁），因常常不想去上学而被父亲训斥，上吊自杀。该生学习成绩糟糕。

★三月八日 大阪府门真市的小学六年级男生（十二岁），因没能考上私立初中，上吊自杀。其母非常热衷于育儿。

★三月十日 新潟县五泉市的初中三年级男生（十五岁），因需休息一年治疗肾脏疾病而颇为苦恼，开煤气自杀。

★三月二十二日 岐阜市的初中二年级女生（十四岁），在市内的山上上吊自杀。生前她的成绩是班上第一名，却在期末考试中获得第二名，为此颇为苦恼。

★三月二十六日 福井县大野市的初中三年级女生（十

---

① 日本小学里由儿童们自发组织的自治团体，旨在督促学习、丰富校园生活。

五岁），成功升入高中，却被分到了家政科①，因此颇为苦恼，自焚身亡。

★三月二十七日　冲绳县那霸市的初中三年级女生（十五岁），因在中考中失利、遭受母亲训斥而上吊自杀。

★三月三十日　大阪市的小学六年级男生（十二岁），疲于升学学习，上吊自杀。

仅仅三个月时间，就有十三名小学生和初中生，算上高中、预科②学生的话则有四十个孩子都选择了死亡。除此之外，还有被家长带着一起、全家自杀而亡的孩子们的故事。面对这样的数据，我们试着先从一名普通的社会部新闻记者的视角，对事件进行全面的探讨。孩子们选择死亡，或者被父母亲诱导走向死亡，这种异常事件，也许是反映所谓"现代"整体面貌的底片。我们认为，在这幅底片里，或许隐藏着辨明当今教育问题现状的线索。

通过事前采访、收集资料，并听取了数位专家的意见，我们现学现用，化身教育记者。随着新学期的开始，我们立刻分头行动，向全国各地出发。

---

① 日文为"家庭科"，是中小学的科目，主要学习与衣食住行等相关的知识与技能，加深学生对家庭生活意义的理解。
② 日文为"予备校"，是针对各类考试的辅导班。

Ⅰ

黑暗地层

儿童学习能力低下的事情已经被世人讨论了很久。如今，依然有很多"跟不上课程"的儿童眼神空洞地白白等待时间的流逝。

听说越来越多的高中生因为心理问题而拒绝上学，也有包括小学生在内的越来越多的少男少女自杀，还有孩子在违法边缘试探，或已经实施了犯罪。

与此同时，为了能尽早占据将来的"荣光之席"，甚至连年龄很小的孩子也开始参加升学辅导班。

无论在城市还是在农村，这番场景在全国随处可见，将其视作极小的一部分扭曲现象，这样合适吗？这也许是日本教育从内部开始逐渐溃败的征兆吧。

教育本该是更有人情味的、更能渗透人心的东西。

教育到底是什么？我们决定回归到这个最初的问题，在学校教育一线展开采访。

（采访时间：一九七五年四月至五月）

— 某个家庭自杀案件的轨迹 —

柔弱的独生子

核心家庭 孩子全家自杀——三十年来我们高举基本人权、给人尊严的大旗，但最近，这种古老的死亡方式却变得不再稀奇。大阪经济大学的泷内大三教授（教育福祉学①）一直致力于亲子自杀的调查研究。他指出，从去年四月到今年（一九七五年）三月，这样的案件发生了三百九十八件。

如今，以夫妇与孩子为单位的核心家庭，不仅让人们追求的希望与生存价值变得单一，也让人们变得越来越难以预期未来。因此，"核心"的幸福背后暗影丛生，"核心"崩溃的前兆频频闪现，而构成"核心"的一个个分子，大概会失去独自生存的能力吧。

今年二月，兵库县姬路市发生了一起亲子三人的自杀案件。公司职员A先生（四十六岁）和妻子B子女士（四十三岁）将独生子C（十四岁，市立初中二年级）勒死后，一起上吊自杀。此

① 日本的新兴学科，为应对日益加剧的少子老龄化现象，对人从出生、成长直至死亡的一辈子进行保障、支援等行为的研究和实践。

前，他们的儿子C因为纵火而被训诫，他们为此颇为苦恼，而这位母亲又对教育颇为上心。我们之所以会选择这桩并不少见的案件进行追踪调查，是因为我们从这幅核心家庭—热衷于育儿的母亲—初中生—纵火—全家自杀的构图中，感受到了今日的惨痛局面。

认真之人 新干线姬路车站因为到白鹭城参观、进行修学旅行的学生们而显得热闹非凡。汽车穿过车站前方的繁荣街道，向北行进十几分钟，就会到达尚有农田留存的新型住宅区。精致小巧的私家宅院一户连着一户，其中一隅便是发生惨剧的这户人家。一百六十平方米左右的宅基地上，矗立着一座不足八十平方米的日式平房建筑，唯独这户人家紧紧关闭着雨户①，在初夏的阳光中格外耀眼。

A先生一家是在一九七〇年搬到这栋新房子来的。当时，儿子C正在上小学四年级。

A先生生前是姬路市内一家点心批发商H物产公司的销售课长，虽说是物产公司，但H公司其实是一家拥有四十四名员工、在一个由老旧木制民宅改造成的房间里办公的小企业。去年十月，A先生由股长升任课长后，依然每天都奔走于明石、淡路一带的客户之间，每个月工资大概是十五万日元。

"酒、麻将、女人，他哪个都不碰，算是个认真的人啦。工作做得不错，性格也很老实。他自个儿也就是玩玩相机吧，大概三年前开始跟客户一起打打高尔夫球，也算是多了些朋友吧。"

---

① 即木板套窗，传统日式房屋的结构之一，多被安置在日式纸门外，用于防雨防寒防盗。

听了他前上司的话，我们眼前浮现出了一个毕业于旧制中学，为人小心谨慎，又略显悲哀的公司职员的样貌来。

薄幸夫妻　B子女士出生于中国台湾，二战后归国并从高中毕业。她曾在百货店做过店员，也在五金店里做过会计。一九五四年春天，B子与A先生相亲结婚。

"她是个坚强而且认真的人，非常适合做会计工作。我去过她家一次，真是一尘不染，收拾得干干净净。"五金店的女老板这样说道。婚后第六年，这对夫妇终于生了孩子。儿子C的出生，本该给这对夫妇带来莫大的快乐吧，但这个独生子却生来就是个体弱多病的儿童：

"这孩子大概一岁半的时候，被诊断出来是斜视眼，三岁的时候做了手术。从两岁到上幼儿园之前，因为哮喘经常去医院。从幼儿园中班左右起一直到小学三年级，因为过敏性鼻炎一直在接受治疗。小学六年级时做了扁桃体手术，与此同时，又发现鼻软骨有异常，一到户外玩耍，就经常发烧。"

这对夫妇越是费心费力，就越是能说明他们是怎样爱着他们这体弱多病的独生子。从警方的记录里，我们能够体谅这对薄幸夫妇。

分数地狱中的初中生活

爱的变身　夫妻俩倾注在这体弱多病的独生子身上的爱，渐渐地变得恐怖起来。在儿子C的纵火事件发生后，母亲B子的姐姐这样向警察说：

"就算是在外人看起来，B子对育儿的关心程度已经有些不正常了。C太可怜了，从三岁开始，他的母亲B子就让他开始学习管风琴、学习画画；从小学起开始上各种辅导班，上了初中也得去课后辅导班学数学、学英语；从辅导班回来，又要跟着家庭教师学习；结束之后，B子又会亲自陪在孩子旁边，让他学到晚上十二点、一点。

"B子就跟现在说的'教育妈妈'①一模一样。她老早之前跟我说：'不能总命令孩子去学校，家长的行为也很重要，我自己也会在孩子边上练练字。'她甚至不让孩子看电视……"

"那孩子身体不好呀，所以想让他有学问。"据说这位母亲经常跟自己的姐姐和姐夫这样说。

然而，对于体弱多病的儿子来说，这个期待似乎太沉重了。C所在的初中曾向警方透露："C的学习成绩在四十三人中排第三十五名，IQ八十九，挺会跟人交往的，但是不沉稳。"

一刀切 话说回来，B子为何要如此这般地督促孩子学习呢？当我向老师们寻求答案的时候，几位老师都告诉我，这是姬路市独特的中招升学体制所导致的。

从一九六七年起，兵库县开始实施一种"兵库办法"，即初中时代调查书的成绩将被作为考核重心，列入学生升高中时学力考试的参考指标。而在姬路市，学生可以申请市内的任何一所高中，调查书分数高的孩子便都会集中到有名的学校去，各所高中之间的差距非常显著。比如，仅在今年，大学入学率最高的高

① 指过于热衷孩子的学习，宁愿牺牲孩子的身心健康也要督促孩子好好学习的母亲。

中，学生们的调查书上九门科目①的平均分最低也有七十八分，第二名的高中只有七十一分，而第六名的高中仅四十七分。调查书的分数确实已经区分了学生们的未来走向。

这会给学生们的初中生活带来怎样的影响呢？

"学校补习确实变少了，俱乐部活动②和体育活动变多了，但是初中三年，孩子们每天都把考场当战场，辅导班越来越火，要是有人生病了，甚至会有人产生'我已经赢定啦'这样的想法……"市教育长如是说，他也承认了因这一制度而造成的不良后果。

"为了尽可能保证公平，就会增加考试次数。一刀切地用这个平均分来给孩子分类，这确实是我们指导孩子选择未来道路时的真实状况，但这不是老师该做的工作，倒像是个职业介绍人了。"也有老师这样自嘲道。

"优秀的孩子都去了N高中，私立学校又很贵，所以无论如何也得让孩子去公立学校上学。但是我家孩子最近好像成绩不好，真把我急坏了……"B子曾跟家附近的主妇抱怨过。想必她每天都在焦虑和着急吧。

各执一词　我们拜访了C曾经就读的初中，并推开了校长办公室的门。当我们对校长说起要询问关于C的事情时，坐在桌子

---

① 通常指国语、数学、外语（英语）、社会、理科、保健与体验、技术与家庭、美术、音乐这九门科目。

② 日本的学校特色之一，旨在让学生在学习以外，通过共同的兴趣爱好找到伙伴、拓宽人脉，通过进行团体活动来培养学生的集体意识、锻炼其意志。常见的俱乐部有田径部、游泳部、文学部，以及各种球类、棋类、乐器类俱乐部等。

后面的校长，连表情都立刻僵硬了。

"哎呀，放过我吧。那是个特殊案例，不要把它跟一般的学校教育联系在一起呀。"话题完全无法展开。

深夜，我们偷偷拜访了该学校的一位老师。起初，这位老师也躲着我们、拒绝接受采访。最终，他同意以匿名的方式，对我们说出真相：

"那件事之后，在教师会上，学校做出反省，让老师们'加强与学生的交流'，这确实没错。但即便如此，也有老师觉得，'实际上也做不到吧'。这也是事实。要说为什么，如今老师们的杂务很多，还得研修、开会等，忙得不可开交。哪有时间去跟孩子们交流……"

学校、家庭、辅导班，不管在哪，少年C也许都遭受着分数地狱的捶打，并因此而彷徨迷茫吧。

到底是谁造成了这起悲剧？

请原谅我　少年C生前就读的初中有一所旧讲堂。在C一家三口的遗体被发现的四天之前，也就是二月十日上午十点五十分左右，旧讲堂的屋顶上升腾起了烟火，闹出了很大的动静。

在八日和十日早上，该学校也发生了小火灾，事态刚刚平息。学校在全校范围内搜寻纵火犯，并将着火的时候没有在教室的同学名单列了出来，C的名字引起了注意。"我去上厕所了""跟朋友出去玩了"——他前前后后换了几种说法之后，终于边哭边说"爸爸妈妈会担心，请别告诉他们"，承认了自己的罪行。

学校报警后，C被转交给了姬路警署，调查结束时已是深夜十点半。调查发现，从一九七三年夏天开始，C在全市各地一共纵火十一次，造成了总额二亿四千万日元以上的经济损失。

因为学习成绩不好，我才这样做的。妈妈非让我学到半夜十二点，我头痛心烦。如果在学校或者家附近放火的话，大家就会乱作一团，我觉得那样就可以不用学习，所以才这样做的。但我知道放火是坏事，请原谅我吧！

调查书的末尾，还留着C歪歪扭扭的签名。

惨剧 当晚，搜查员、班主任和负责生活指导的老师一起把C送回了家。"到家后，我们想向C的父亲问情况，他妻子在边上说：'你闭嘴，我来讲。'这位丈夫显得毫无办法，帮我们倒了茶。"调查员说道。

十一日，警察向C的母亲询问了情况。十二日早上，某家报纸报道了C的罪行。当晚七点左右，班主任老师非常担心，就去看望一家人。据警方推测，在班主任老师离开几个小时后，惨剧发生了。

十四日，到了快中午的时候，这家人的雨户还是紧闭着。邻居觉得奇怪，就通知了B子的姐夫，他迅速赶来了。

夫妇俩上吊死了。儿子C在被子里，穿着睡衣，被人用长筒袜勒死了。三个人手上都缠着佛珠，C的身旁摆着橘子、点心和果汁。B子给姐姐和姐夫留了一封遗书：

只能这样了，除此之外别无办法。谢谢您一直以来这么关心C……

被捕之人 那么，是谁造成了这出惨剧呢？是被人蔑称为"教育妈妈"的B子吗？如果想要听听她的辩词，如今也只能参考警方关于纵火事件的调查书了：

C从学校一回家就闷在自己房间里睡觉，下午六点四十分左右我会把他叫起来，让他听英语会话的广播，大概七点结束，然后吃晚饭。周一、三、五要上辅导班的话，就一直睡到去上辅导班的时候，上完回来再吃饭，大概学到十二点再睡。每天都是这样……

因为我丈夫经常出差，总的来说家里是我做主。我丈夫对孩子的态度呢，就是"想学习的话就学，能考上哪所高中就上哪所高中"这样，不怎么严厉。

至于怎么会发生这样的事，现在，我从自己的角度来想就是，这孩子没什么干劲，我却对他期待太多。他不喜欢学习，我却非要让他学习，这对孩子来说压力太大了，我也承认这孩子性格是有点内向的。我觉得大概就是因为这些，才导致这样的结果吧。

身体柔弱的孩子更叫人怜惜。为了能让自己的孩子步入社会上层，母亲相信了自己，相信了"核心"中闪烁的炫目的幸福，坚信每天的"考分"才是能够进入幸福圈的唯一入场券。我们应该责怪这样的母亲吗？还是应该责怪这种将母亲们都束缚住的，名为"幸福信仰"的现代诅咒呢?

在我离开姬路之后,那种如铅一般的沉重感,依然紧紧缠绕着我。

— 女初中生之死 —

在望得到学校的山丘上

上吊 调查今年一至三月发生的小学、初中、高中生自杀案件后，我发现大部分死亡都与学习有关。"不去上学，被父亲训斥""疲于升学备考""入学考试失败"……这其中，还有一个孩子，因为"弄丢了寒假作业"而自杀。孩子们为什么可以如此简单地走向死亡呢？

今年三月，岐阜市也发生了一起女初中生的案子。人们认为，她因为"成绩从第一名落到了第二名而非常苦恼"。对此，我却不能认同。为了弄清楚事情的原委，我们将此案定为采访目标。

三月二十二日，周六，岐阜市立Ａ初中的二年级同学Ｂ子（十四岁）去世了。当天气温十一点五摄氏度，是个晴天。与往常一样，Ｂ子上完了上午的课，却将书包和自行车留在了学校，随即消失了踪影。在距离学校四五百米的小山丘顶上，她用水手服的白色领带在一棵松树上上吊自杀了。下午两点多，附近的孩子发现了她的尸体。

"这孩子长得小小的，她吊在一根直径只有三厘米粗的小树枝上。我刚想解开领带的结，忽然树枝就折断了。案发现场真叫人感到悲哀呀。"一位年长的搜查员这样说道。

考试的不安　失踪之前，B子在教室里没有表露出丝毫的异常。据班上负责收集资料的男孩子称，B子弄丢了面向全班同学的有关"未来的梦想"的调查问卷，便又向他要了一份。当时她对这位男孩子说："我将来要成为写书的人。"

"这孩子除了体育是三分，其他科目都是五分，四分都很少，一直都是第一名。她虽然话不多，但在课堂讨论的时候总会把自己的主张清楚地表达出来，是个不服输的孩子。但是，我倒是从来都没看到过她周围一下子拥来过很多朋友呀。"一位老师如是说道。

据老师们称，这个春天的期末考试，确实有一名同学在总分上超过了她。但是她自杀的时候，这个结果还没有通知给学生们，说她因此而"痛苦"并不成立。难道说，是辅导班的考试成为导火索？一位教师如此猜测。

B子每周三次要到离家很远的岐阜车站附近的升学辅导班学习英语和数学，她想要升入更高水平的班级，却失败了。B子死亡的第二天，正好是举行补考的日子。

"虽然还有一次机会，但是她却没有信心。这种不安将她卷入死亡之中……"也许是这个原因。

果真如此吗？我们一边思索着各种可能性，一边朝她家走去。当时家中正在为她进行三十五日忌日的法事①。我们看着失

---

① 逝者亡故后第三十五天举办的法事，也称作"五七"。在日本，只有非常重视亡者的遗属才会举办五七法事。

去孩子的这对父母的状态，感觉这样的采访过于沉重，不知该如何开场……

遗书 母亲的话：

"刚入学的B子曾是一个活泼的孩子，二年级之后渐渐变得消沉起来。有一天，她在上课的时候被老师丢了粉笔。虽然老师原本是要瞄准另一个孩子的，但他只是笑了笑，并没有道歉。B子觉得自己'哪怕是个学生，也是有人权的'，很不甘心。还有一次，她向老师问一个自学的时候没懂的问题，老师却说'这问题考试不会出的'，没有做出解答。她把对老师的不满写在生活记录本上，我就批评她'这样会影响你调查书的分数，别写了'。

"从那时候开始，她就经常说'学校无聊，没法信任老师，我抑郁了'之类的话。她死之前一周，有一天晚上我看她很寂寞，就等妹妹们都睡了之后去问她：'怎么了？看起来很没精神呀。'

"'我对什么都提不起兴趣了。'她说。

"'人啊，不是永远都能抱着意义感活下去的。'

"我们这样聊了几句，她才去睡觉。

"B子死的前一天，她到早上快三点才睡。在那之前，她写了一封遗书。遗书里，满篇都是她指名道姓地表达对老师的不满和抗议。

"'我才不会相信老师。'

"她的字迹从来没有这么潦草过。"

被分离的师生

暴力体质　今年春天毕业式当天，在自杀而亡的 B 子的初中学校周边，警车正在待命，每个十字路口都站着便衣警察，整个学校都被包裹在非同寻常的氛围之中。因为校长决定，仪式结束后，毕业生"务必要在父母陪同下立刻回家"，往年在校生列队欢送毕业生的仪式也被取消了。虽然学校方面没有做出解释，实际上则是因为有流言称，"一部分毕业生要与其他学校的学生一同，对低年级学生甚至是教师实施暴力"。

虽然当天无事发生，但是这场骚乱让有良知的教师们内心更加煎熬，因为这件事充分地说明了学校平日的状态。

"那个学校，就没见过哪天没有学生在教员办公室里挨批评的。老师让学生坐在地板上并大声朝学生吼，甚至连女老师也让学生排成一排，用尺子打学生。还有老师抓着学生的皮带把人吊起来打，对学生的发型、服装要求也格外严格。在他们的观念里，'孩子就是得被摔打'，极个别的老师想要从根本上解决孩子们违法乱纪的问题、跟孩子好好聊聊，但是他们的声音被压下去了。正是因为老师们的这种做法，才更助长了孩子们想要用暴力解决问题的冲动呀……"有些老师这样说。

这些老师认为，对孩子采取这样一种管理方式并放弃后进生的做法，也在一定程度上导致了 B 子的自杀。

"五花大绑"　"如何给孩子组织教材？怎样讲课才会有趣？孩子们有没有真的理解所学的知识？做老师的丢失了本该有

的意义感和使命感，全靠考试成绩来评价孩子。这孩子是一分，就因为这家伙，拉低了整个年级的平均分……这样一来，孩子甚至开始令人生厌。于是，教学方法什么的都不再重要了，老师们只想着不停地督促学生、管理学生……"

面对这样的老师，孩子们就会主动地说："我喜欢严厉的老师。"但是在朋友之间，他们又会说："那家伙就是个傻瓜，这个人还可以。"孩子们已经萌生了带有歧视性质的言论。

"最令人担忧的就是，孩子们失去了'思考'的能力，做事冲动，思考问题过于简单，这会导致孩子们违法乱纪、实施暴力，也会让他们变成'没有干劲'的孩子。再这样下去，教科书就讲不下去，那么年级统一的考试，范围就得缩小。不但同事们会抱怨，父母们也会觉得有升学的焦虑，向我们施压。我们跟孩子一样，都被这张体制的网给'五花大绑'了。"有位教师这样说道。

他叹了一口气，又说："没有一天能好好教课。"听了这位老师的话，我渐渐开始看到了弥漫在B子周围的浓厚阴影。虽然是个"成绩很好"的孩子，她却被迫与老师和朋友们分离。

空虚　我们去了B子上吊自杀的现场，从她死去的那个山丘顶上，可以看到她所在的初中学校。而另一面，则远远地可以望见她的家。那个春天的午后，她站在这个既能看到学校也能看到家的地方，到底想了些什么呢？

"那孩子并没有想着要上一流高中，再上一流大学。她唯一的爱好就是书法，哎，她甚至说过将来要去上个短期大学①之类的，毕业之后再找个铁饭碗工作这样的话。她也没有因为要学习而着急过……""妹妹们还小，那孩子也不能向我撒娇，她一定也很孤独吧。""她也说过不喜欢她的朋友们。"

母亲的话断断续续地传到我耳边。山丘的脚下，靠北边一带是旧陆军的练兵场遗迹。当地的老人这样说道："我亲眼看到过新兵被打个半死的场景。有时候还听说'山顶上又有新兵上吊了'，一边害怕一边想上去看看。那时候的人可真不是人呀……"

而那个午后，或许在仰望松树的少女的瞳仁里，也布满了空虚吧。啊，原来每个孩子都是孤零零的呀，这种想法再次充斥着我的胸膛。

----

① 日本大学教育的一种。主要面向完成中等教育的学生，以学习专业技能等为目的，学制一般少于三年。

— 小号少年之死 —

"三七体制"①后遗症

转学 从四月中旬起，我们开始采访富山市的少年A的自杀事件。表日本②一带马上就到绿意萌生的季节了，北陆③一带依然天空低沉，时不时飘起的小雨如隐忍的啜泣一般，润湿着整个城市。也许是因为这糟糕的天气，或者是因为少年A的事情沉重地压在心里，我们的心情格外沉闷。

今年春天，年仅十五岁的初三毕业生少年A结束了生命。一九七三年四月，因为身为银行职员的父亲（四十二岁）工作调动来到了这座城市的分行工作，少年A随之从千叶县转校到了富山

① 自一九六一年起，富山县开始实行"三七体制"，规定在县内的高中教育中，普通学科教育与职业教育的比例为三比七。这一政策的背景是日本婴儿潮一代升学人数激增，国家倡导学生进行职专类学习以缓解固有专业的升学压力。然而，该政策大大加剧了普通学科的升学难度，遭到学生和家长的激烈反对。一九七〇年，该政策终止。
② 日本民间通常将本州岛朝向太平洋一侧的地带称为"表日本"，将朝向日本海一侧的地带称为"里日本"。
③ 日本将国土分为不同区域，其中，北陆地区包括富山县、石川县和福井县三县。

的市立初中二年级。

"他以前是个很听话的孩子，除非必要，绝对不多说话。他可能有点面无表情吧，课堂上同学们都大笑的时候，只有那孩子不笑。他这样子交不到朋友，我曾经鼓励他说：'早点学会当地方言吧'！"

这是初中老师眼中的少年A。也许那时候，他的心正在慢慢死去吧。因此，他的成绩日渐下滑。但是，虽然大部分成绩都是三分，唯独音乐一直都是五分。他一直在音乐俱乐部吹小号。

升入三年级，少年A本来的志向是升入普通高中，但在老师的劝说下，他转而选择了商科类高中。市里的普通高中一般需要平均分七十五分，一流高中更是没有八十分就很危险。这个分数线对于成绩中等偏上的他来说是无法企及的。

"那家商科高中的铜管乐队很出名，我想着这样可以发挥他的特长。"老师这样说道。

考试生意　不只是少年A，对于县里的初中生来说，决定今后道路的最重要的指标，是民间考试公司举办的全县统一考试。从一条大道上拐入安静的小住宅街道，这家公司就坐落于此。

"三年级学生的考试，每年九次，还有一次是回顾性考试，目的是跟上一年度做比较。三年级末的时候，全县举行统一的考试，我们会按照志愿学校，分别制定成绩分布表，并把这张表交给各位老师。比如说，志愿是A高中普通科的男生中，满分两百分有十个人考了一百八十分，志愿是B工业高中电器科的男生中，考了七十分的孩子有三十人，这样的情况可以一目了然。各位老师就可以看着这张表，来决定怎么指导学生们选择升学道路了：这所学校比较危险，那所学校的话没问题……"

每名学生每次参加考试的费用是三百日元，再加上教材、参考资料等，公司每年的销售额可以达到三亿五千万日元。"学生和老师会从家里筹集资金过来，公司绝对不会被欠款拖破产，哈哈哈哈哈哈。"公司老板说。他看起来阳光开朗，桌子上还装饰着可爱的孩子的青铜雕像。作为一个"制造筛选机器的公司"的老板，竟然有如此温柔的品味，真让我浑身不自在。

富山县曾经因为要把高中学生按照普通科和职业科以三比七的比例进行编组，即所谓的"三七体制"，而在全国出了名。政府于一九六一年设立了这个目标，不久就引起了县民的反对。这一比例在一九七〇年达到了 36.6%：63.4% 的顶点之后，直线下降。一九七四年，政府将其修正为 47.9%：52.1%，但即便如此，这个比例值也与全国的标准相距甚远。

高度增长模式　昭和三十年代，富山县要建设临海工业带①，制订福山、高冈新产业都市的综合开发计划。教育行业要培养对产业发展有用的人才，出于这样的考虑，"三七体制"应运而生。那是一个全日本都把开发当作是繁荣图景的时代。

然而，这并不是富山特有的状况。财界、经济企划厅、文部省等多个部门共同推进的"适合经济发展的人才开发政策"才是其根源。伴随着技术革新而来的，是生产的专业化和劳动性质的变化。对此，日本教育界主流认为，少数的知识精英和大量的下层劳动力，这样的人才培养和分配计划才能更好地推动经济的快

---

① 日本在二战中战败以后，富山县即在日本海沿岸重振工业。到了昭和三十年代，富山县拟在富山新港、伏木港等处建成临海工业地带，输入原材料、工业制品。

速发展。

为了能够合理地选拔、分配人才，就需要通过考试这样一种方式来对人的能力进行量化评价。于是，学校则沦为以分数取人的场所。

说回少年A的事情。虽然A从一开始决定了考商科学校，但最终他还是改为选择工业类高中。他的父亲说，从性格来看，他可能不适合学习商科，少年A便在与父母讨论后做出了这个决定。从二月二十六日起，三年级最后一次期末考试开始了。虽然这之后马上就面临着中考，但是他报考的学校，报考人数与计划招生人数基本持平。同时，在报考的学生中，一定也有人同时报考了高等专门学校，可以说，少年A是板上钉钉可以考上志愿学校的。所以，这次期末考试对他而言也显得格外轻松起来。

但是，从那天起，少年A身上发生了奇怪的变化。

孩子是五合枡①吗？

一起睡 少年A的班主任这样说道：

"那是期末考试第一天的事情。A的妈妈打电话过来说他'感冒了要请假'。那一阵子很多人都感冒了，所以我没放在心上。但是到了考试的第三天，二月二十八日早上五点左右的时候，他的爸爸打电话到我家里来说：'刚刚A自杀了……'哎，把我吓坏了。"

---

① 日本的一种木制容器，以合为度量单位，1合相当于0.18升。

当两三名教师急忙赶到的时候，警方还在向 A 的父母询问情况。老师们还听到他们在问："这孩子喜不喜欢读跟武士道有关的书？"对老师们来讲，大概是发生了无法想象的事情。

A 在临近期末考试的时候突然说自己"睡不着觉"。这样说来，他还用从来没有过的语气对母亲说"谢谢你对我这么关心"，还会时不时地说"有没有可以轻松死掉的办法呀""把刀拿来""活着也没啥好玩的"之类的话。少年 A 跟妈妈说想让她陪着自己一起睡，于是妈妈便睡在了他的身旁。

二十七日晚上，他在电视上看完拳击比赛之后说道："这样好像能睡着了，明天我会去学校的，今天一个人睡就行。"然后便独自一人去睡觉了。几个小时之后，A 的父亲发现他用尖刀刺向了胸前，以一种悲惨的方式结束了自己的生命。

假面　少年 A 到底在想些什么呢？恐怕已经无人知晓到底是什么直接导致了他的死亡。但是，如果他能够按照自己最开始的志愿方向升学的话，又会怎样呢？对他来说，这虽然不是自己主动选择的道路，却能以一种几乎不用考试的方法锁定合格升学之路，或许他被一种无可奈何的空虚感包围了。

但是，即便"三七体制"得到了修正，大量扩大升入高中的人数规模，难道就不会出现少年 A 这样的悲剧了吗？恐怕并非如此吧。

临近毕业的时候，少年 A 的学校编辑了一本名为《明天》的文集，上面印有所有毕业生的"一人一语"。当时，他这样写道：

> 这三年发生了很多事情。但无论哪件，都让我从中受益良多。这三年，我掌握了作为日本人所需的社会常识，我

想，这会是我一生中最快乐的时光。

文字中没有任何奇怪的逻辑，是为他行为端正的中学时代所唱的赞歌。但是，不只我一人能明显地从中感受到一种令人恶心的冷漠，字里行间已不再有少年们才会有的那种心跳鼓动声。他仿佛被披上了一层钢铁的假面，把心门紧紧地关闭了。

爱之歌　有位老师如此说道：

"我们老师之间经常说，'五合枡就是五合枡'。我们会觉得，人也跟枡一样，有些孩子本来就是不行，这是没办法的事情。我从来都没有这样想过吗？要说没有，那肯定是假话。老师们就是用这种想法，为自己平时对孩子的所作所为找借口的，把将学生分门别类当成一种理所当然的事，不加任何感情，这真可怕。"

如果这种想法在老师们之间蔓延的话，大概不会有孩子想敞开心扉了吧。这架以分数将人分类的经济高度增长型教育机器，是不是也侵袭了老师们的心灵，让他们不再像从前一样了呢？

"那孩子生前很喜欢吹小号。对他来说，音乐俱乐部可能是活着的唯一意义，我很后悔没能让他好好地参加俱乐部活动。老师们的研修活动很多，所以影响了俱乐部的活动时间。"这位老师如此说道。

即便如此，少年 A 曾在秋天的文化节时站在舞台上进行过小号的独奏演出，获得了无数掌声。

"他当时好像演奏的是《一切为了我心爱的人》。"

这是由米歇尔·波尔纳雷夫所创作并演唱的甜美爱情之歌。我试着倾听，那轻快的旋律却残酷地向我逼近：

一切为了我的爱人

一切为了我的爱人

亲爱的，跟我来吧

我把你抱在我的怀里

当你不在的时候

我觉得如此孤单……①

---

① 此段歌词翻译自法文原版歌词。日文歌词对法文歌词进行了一些改编。
如将日文歌词直译成汉语则是："把一切都献给雪莉/把一切都献给雪莉/来
吧，跟我来吧/将你揽入我的怀中/当你不在的时候/我觉得孤单难忍……"

— 女教师的挫折 —

二十四只眼睛在何处？

女教师　"秋野京子，生于一九四八年，香川县坂出市人。她的父亲是教育从业人员。秋野京子高中毕业后来到东京，一九七〇年春从东京学艺大学①美术专业毕业后，在东京港区区立 A 小学任教谕②。一九七一年，她与比她年长两岁的高中学长恋爱结婚，她丈夫就职于一家杂志社。去年十月，长男出生。今年四月九日，她在自己家中开煤气自杀，终年二十七岁。她没有留下遗书，但是休完产假开始上班后，她曾流露出当老师的苦恼。"

我们开始采访秋野老师自杀事件的时候，最初写下的关于她的笔记就只有这些。

说起在香川县出生的女老师，我就想起了《二十四只眼

---

① 位于东京都小金井市，是日本国立师范大学。
② 在日本，从幼儿园到高中的校园里，具备教师资格的正式教师即为教谕。

睛》①中的年轻老师。大石老师到位于小豆岛岬角处的分校赴任，与一年级的十二名同学相遇。大石老师因受伤而长期请假，一天，十二名年幼的同学瞒着父母徒步穿过四千米的山路去探望她。老师为孩子们准备了乌冬面，那美味令孩子们难忘。我曾记得自己看到这个场景的时候不禁哭了出来。

虽然那是昭和初期的小说或者电影里的故事，但我却从中体会到了切切实实的教育的感觉。与之相对，现代的女老师们，又在面对着怎样的现实呢？

第一道关卡　东京港区，这里有演艺界人士、政治家们居住的高级公寓、各国大使馆和大学。横町②里哪怕在大白天也仿佛连小鸟都没有，安静地伫立着一栋栋住宅楼。东京港区一带，在东京都内也是可以与赤坂、麹町并肩的核心地区。A小学就在这里的一隅。

A小学的学区是高地住宅街区和由商店街、中小型工厂所组成的下町③，跨片区上学的儿童大概占了四分之一。A小学的学校概览上记载着的监护人职业，其中有六成左右都是公司高管、公司职员、公务员、银行从业人员等，而小个体户和小型工厂从

---

① 日本女作家壶井荣发表于一九五二年的文学作品。作为经历了二战的作家，壶井荣在这部作品中描绘了战争给贫苦百姓所带来的苦难与悲剧。作品主人公年轻女教师大石久子到位于濑户内海的小豆岛小学的分校赴任，与十二名孩子感情深厚。然而，随着日本军国主义战争的不断推进，孩子们遭遇了很多变故，伤残众多。该作品于一九五四年被搬上大荧幕。

② 从主干道延伸出来的小巷子即为横町。在日本，横町多为热闹的商业街。

③ 在东京，高地一带被称作"山之手"，低矮地带被称作"下町"。下町地区人口密度高，居民多从事小本买卖，其街区样貌与高楼林立的现代大都市形成明显对比。

业人员不足三成，另有少量自由职业者和医生等。

在东京，或许是因为讨厌高中的学校群制度[①]，学生们从初中阶段开始就更倾向于考入国立或者私立学校。与其他学校相比，A 小学孩子们的这一倾向虽然并算不特别明显，但每年也有三成左右的学生会这样选择学校。

"有个京都的医生，让儿子跟祖母一起住在附近的公寓里，来上 A 小学。那孩子后来考入了庆应普通部[②]"，"仙台一家私立学园的园长，为了让六年级的儿子能够考上庆应中等部[③]，专门买了公寓，让妈妈过来陪孩子一起住"——我从父母们那里听说了这样的事情。

在东京，想要让孩子考入名牌初中的母亲中间，口口相传着两家升学辅导班（面向五年级至六年级学生），这两家升学辅导班被称作"龙门双璧"。我们调查了辅导班的资料后发现，果然，在这两家辅导班里听课的学生（也有些学生同时在这两家辅导班学习），几乎独占了今年春天名牌初中的合格者名单。其中，东京教育大学附属驹场中学一百一十一人（招生人数一百二十人）、庆应普通部一百零九人（招生人数一百三十人），开成中学二百七十人（招生人数三百人）。母亲们将成功通过这家升学辅导班的入学考试当作第一道关卡。而秋野老师所带的四年级学生，正

---

① 升学考试的一种实践方法。几所学校组成"学校群"将不同成绩的学生平均分配到几所学校中，以避免学校之间生源水平相差过大。
② 即庆应义塾普通部，是一所私立初中。该学校是由庆应义塾管理运营的唯一一所男子初中，而庆应义塾本身则运营着小学、初中、高中和大学。庆应义塾大学是日本首屈一指的名牌私立大学。
③ 即庆应义塾所运营的男女共学制私立初中。

在面临着这第一道关卡。

"我们学校的老师里，有的人对志愿考入名牌中学的学生态度非常积极。在办公室里会有人说，'哎呀，我班上可有这么多人都在某某辅导班呢'，非常引以为傲。"有老师如此说道。

孩子的无视　但是，秋野老师对辅导班持批判的态度。"秋野老师让新学期去了辅导班的孩子们举手，好像还说，不去辅导班就行。"（某位母亲语）不仅如此，她还觉得，辅导班打乱了她自己的课程，为此很是烦恼。一九七四年的反省会记录中这样记载着她的话："有些孩子在辅导班里已经掌握了技术性的东西，有些孩子学习能力差，他们之间的差距很大，我很难进行指导。"

"如果按照后进生的标准上课的话，去辅导班上课的孩子们就会无视我。"秋野老师也这样说过。

同时，她还有另外一面。一位在学区内下町商店的母亲这样说道：

"我家孩子成绩差，又不听话，六年里换了六位班主任，每位老师都说他是个'没救的孩子'。但是，只有秋野老师说'为什么其他老师都看不到这孩子的优点呢'，只有她，对学习不好的孩子也能有非常温暖的态度……"

如果将来，哪怕只是止于幻想，人们都怀有一种私心，想把孩子送上比普通通道更高一点的上层通道，那么这种私心就会互相激荡，对教师寄托的希望也会变成苛求的旋涡，在这样的大都市里，现代的大石老师也会尽显疲态。

我讨厌休产假的老师

老师与生孩子 日本全国共有二十一万八千余名女性小学教师。以每年0.8%到1%的速度慢慢增加，现在，女性教师数量已经占全国小学教师的54%，足以左右当今日本的教育。

但是，与之相伴而来的就是生孩子这一现实。哪怕只算公立小学的女老师，以一九七三年为例，约占全体女教师6.15%的两万三千余人休了产假（据公立学校共济组织调查）。秋野老师所就职的A小学，包括校长在内共有二十四名教师，其中有女教师十一人。仅在去年，就有四人生了孩子，秋野老师也是其中之一。

法律保障女性教师的各种权利。从东京都的状况来看，怀孕生产的假期是十六周，怀孕障害休假①不超过四周（但需从十六周中扣除），孕期上班时长每天至多可减少一小时，因育儿每天减少一百一十分钟上班时长，等等，各类规定保障完备。

但是实际上，很多规定都停留在了纸面上。例如，据秋野老师所属的东京都教组港区支部提供的问卷调查，有近三成的人并没有获得育儿时间，超半数的人并未享受缩短孕期上班时长的权利。而至于生理期休假，仅有6%的人获得过。

冷眼旁观 为什么这些权利都止于纸面了呢？不提产假，单

---

① 指女性在孕期或生产后根据医嘱可增加休假时间或增多休息次数、缩短上班时长和强度的一种休假方式。

说普通的年假，东京立川市某小学的中年女教师认为"权利不行使的话就浪费了"，决定把自己积攒下来的四十天假期都用掉。但是，她立刻遭到了学生家长们的反对。他们喊着"换班主任吧""孩子们罢课吧"等口号，到市教委和校长等处大闹一场，那位老师最终辞职了。

虽然教师是在行使自己理应拥有的权利，但从将孩子托付给教师的父母的角度来看，他们会担心孩子们的教育问题，也会提出不合理的要求……老师们说，哪怕是像生孩子这种女人的大事，如果女教师按照规定休满了假期的话，即使身为同性，那些母亲们也不会开心的。

十一月中旬，秋野老师按照规定休完产假之后回到职场，而就在此前不久，发生了一些奇怪的事情。想让在产假期间临时替补的女教师B顺势接管班主任一职——学生家长之中产生了这样的呼声，甚至有人企划收集大家的签名。

回避派领导者 临时替补的女教师B四十多岁。一旦家长们问起孩子的状况，她就会直接告诉他们，您家的孩子适合考国立学校，您家的孩子适合上私立学校。她是一个思考问题干脆利索的人。"对于那些一腔热血地想要自己的孩子考上私立中学的父母们来说，比起犹豫不决的秋野老师，这位老师看起来更可靠吧。"和B老师共事的老师这样说道。虽说很多临时替补老师都会采取在短期内能产生显著效果的方法，B老师当然也在这方面让父母们颇为满意。

当秋野老师回来做班主任的事情定下来之后，又有人对其他老师说"秋野老师不靠谱，我很担心"这种明显中伤人的话。还有母亲给校长打去了"咨询"电话，询问"秋野老师明年也是我们班的班主任吗"。在三月十八日举行的父母谈心会上，有人颇具批判意味地问她："您明年也会继续当班主任吧？"面对意味深长的发问，秋野老师默不作声。

我们想更深入地了解为什么母亲们都如此回避秋野老师，便开始四处寻找那些回避派领导者。这些母亲们都闪烁其词，但终于有一个人给我们指明了道路。没想到，这个让孩子在秋野老师班上学习的母亲，竟然也是另外一所小学的教师。

我们去拜访了这位女老师，因为她既是母亲又是老师，我们非常想听听她对当今教育现状的看法。但是，在她那位只是表示无可奉告的丈夫边上，她始终什么也没说。

阻碍育儿的事情

新学期 "我太累了。想回乡下去。"

三月十八日父母谈心会结束后，秋野老师这样和同事说过。二十一日，她被叫到校长室去。出来之后，她是这样和同事说的：

"校长鼓励我说：'虽然你失去了信心，让家长们也跟着动摇了，但是教育的事不是你一个人就能完成的。大家应该一起努力。请好好干吧！'"

当时，她还说道："我是个软弱的人，如果被刺了的话，浑身哪里都觉得痛……"共事的女教师解释说："比如什么吃饭的时候孩子们太吵了，上自习的时间太多了，其实都是那些母亲在拿她带班时的很多小问题挑刺。"

新学期开始了。秋野老师提出申请，做了二年级的班主任。她原本负责的那个班级，三月二十五日的时候公布说将由另外一位女教师负责，但是到了马上要开学的四月五日，不知为何，却变成了由一位男老师负责。据老师们称，已经公布带班的班主任后再次换人，这是从未发生过的事情。

那天，秋野老师回家之后，一边在厨房里忙活，一边轻轻地对她丈夫说："要不然我去死吧。"四月七日是开学典礼，八日的活动是大扫除和年级事务，随后便到了九日的早上。

丧失自信　每天，秋野老师都会把自己六个月大的儿子送到保育园之后再去上班，但是只有这天早上，她让丈夫去送孩子，自己则一个人先出了门。上午八点，学校接到她的电话说："孩子身体不适，向学校请假。"

下午三点左右，附近的邻居发现秋野老师的房间里传来了煤气的味道，一时间方寸大乱。她已经死了，没有留下遗书。警方到学校调查时才发现，她的柜子空空如也，连抽屉也被整理得干干净净。

我们拜访了秋野老师的家，那是东京都破旧的五层职员住宅建筑里的一户人家，墙上还挂着女式毛衣。就在这间依然残存着秋野老师味道的房间里，她的丈夫这样说道：

"去年十一月，京子休完产假回到讲台之后，经常说：'总感觉找不到状态，怎么再也没有那种能让孩子们聚精会神地听讲的课堂了呢？'我只能说：'因为你刚休完产假呀。'京子甚至开始怀疑，是不是自己不适合当老师。可就在那时候，她开始听到家长们对校长说这说那的。"

校长是怎么看的呢？我们很期待这位教育者的答案，问了他很多问题，但他却重复地说："这是私人问题，请不要再问了。她过于在意别人的话了，这是她自身性格的问题。"

互不信任 是什么把秋野京子这位女老师逼上了死路呢？

据我们的调查结果，母亲们的过度介入也的确是事实。家长对教育很重视，这是理所当然的事情，也是从整体上提升教师教育水平的动力。但现在的家长大都过于关注自家孩子的得失，以追求"个人的利益"为最终目的。如果不能将其变成可以将孩子、教师、家长三者捆在一起的"公共利益"，家长与教师之间的沟壑便无法被填平。

但即便如此，为什么教师与家长之间的沟通渠道却又如此不畅通呢？当秋野老师听到家长对她的责难时，为什么不直接和家长交流呢？另一方面，家长也不想和教师直接交流。他们担心教师把孩子当"人质"，如果因触怒了教师而导致孩子的成绩被做手脚，这可就麻烦了——只要大部分家长都对教师抱有这种不信任感，那么家长与教师之间的对话就无法实现。流言越传越多，这又会加深教师们对家长的不信任。

为什么同事们不能将秋野老师从苦恼中解救出来呢？从一般层面上讲，教师集团被明哲保身的想法、个人的荣誉与升迁所约束，这个集团已经四分五裂。他们真能从中寻求朋友的帮助，与家长结成同盟吗？更不用说育儿——这份现代社会最为困难的教育事业，很难生机勃勃地发展下去……

我们的讨论就这样无止境地继续下去。

我希望，你们每个人都能够培养自己独有的未知的能力。接受光照和水分，慢慢变强。希望你们都能开出属于自己的花朵，哪怕在灿烂绽放的时候，花粉中含有毒素。

今年春天的毕业纪念册里，秋野老师送给孩子们这样的话。

— 不良少女与教师 —

想要获得感动

严格的学园　石坂洋次郎①的《年轻人》②描述了一名蕴藏着魔力的美少女学生江波惠子与年轻教师的纠葛。这部作品以北国的港口城市为舞台，而即将在本章登场的不良少女与教师所在的学校，也位于一座面朝大海的城市里。

A市，这里曾是安静的港口城市，最近，随着工厂的不断增多，城市人口每年都在剧烈增加。城市背后的山林绿地也被开发，建起了一栋栋的公寓楼。以国铁车站为中心，公司、银行分公司和大型超市等聚集起来。无论是交通事故数还是犯罪案件数，这一带都是排在前十名中靠前的。虽说这里是经济高度增长的中型城市的典型，但如果登上山这一边的话，便能听到从银色海湾传来的汽笛声，看到海角处造船厂的起重机在白茫茫的空中描绘着黑色的骨线。

---

① 石坂洋次郎（一九〇〇至一九八六），日本小说家。毕业于庆应义塾大学国文专业。他的作品多为青春物语，在日本人气颇高，有多部作品被改编成电影。
② 日文名为《若い人》，长篇小说，是石坂洋次郎的出道作品。

私立Ａ女子学园高中位于一处可以望见海的高地上，被新绿的树木环绕着。这所学校因为严格的纪律和初高中一贯制教育体系而被居民们所熟知，每年都有考上东京的国立、私立女子大学的学生。担任学生指导职务的波濑宏教谕（三十五岁），从东京的大学毕业后就来这所学园上班了。"最开始我是想着先干一阵子再说。"他说。

第一年的时候，波濑教谕因为过度饮酒得了黄疸而住院。女学生们纷纷来探病，学校担心会给医院添麻烦，甚至下令禁止学生去探病。尽管这样，还有学生从家里拿了据说是对黄疸有效的蚬贝味噌汤来，迅速地交给医院就离开了。

这样的经历让波濑教谕下定决心："那我就一直干到这些孩子毕业吧！"随后，三年又变成五年，如今已过去十多年了。

陷阱　去年三月末，春假马上就要开始的时候。一天，波濑教谕接到了市警察局的联络电话。"我们正在对你们学校的两个学生进行训诫①，她们偷东西了。"波濑教谕急忙赶到审讯室，发现一年级学生井西惠子（十六岁）和三户由美子（十六岁）坐在那里，面前放着衬衫、裙子、毛衣等价值三万日元的东西。她们两人在两家大型超市里偷东西，被女警察逮了个正着。

据警察厅统计，从一九七〇年开始，未成年人的偷盗行为逐年增多，一九七四年抓到了大概三万四千人，犯罪率较前一年上升了22.2%。尤其值得注意的是初高中的女学生。在当今的时代，

---

① 为防止不良行为发展成犯罪行为，而对行为者以批评教育等适当手段进行处置的方法。

资本的魔力魅惑了少女们的心，把她们的所有欲望都转化为消费需求。于是，自助购物的商品卖场就成了危险的陷阱。

这件事对于以纪律严格为傲的学园来说无疑是件大事。学校召开了职工会议，并决定不许这两人参加将在春假期间举办的修学旅行，命令她们在家反省。同时，学校还做出决定，即新学期开始的时候，两人必须断绝交往，才可以重回校园。从那天起，波濑教谕的苦恼就开始了。

十六岁的我　波濑教谕让她们在家反省的时候写下反省文。惠子的笔记里有这样一段文字：

> 我深深地辜负了父母对我的信任……但现在我反倒觉得无所谓。果然还是因为爸妈很相信我，这样才能非常安心呀。所以我感觉自己有责任必须报答（父母的这份感情）呀！这才是青春吧。
>
> 我完全感受不到人活在世上的感动。虽然我知道，只有找到沉浸于某事的热情时才会有感动的情绪，可我找不到。学生的本分是学习，只要好好学习就行了。但我想要的是十六岁的我想要的东西。结果，学习也荒废了，那种躁动不安的心情、反抗心、好奇心和自暴自弃都重叠在一起，我最终落入了这副境地。

由美子的笔记里也有这样一段文字：

> 对于现在的生活，我没追求过什么，也没获得过什么。我已经不再思考人生了，觉得自己也受了些苦了，对于现在

一无所有的自己，我是有点生气的。我想找找人之为人的更广泛的含义。

读过这两份反省书之后，波濑教谕觉得"写得太像了"。在他的追问之下，由美子很随意地告诉他，她实际上是原封不动地抄了惠子的想法。

砂石一般的家人

柔弱的父亲　偷东西的少女井西惠子和三户由美子分别在怎样的家庭环境中长大的呢？波濑教谕的《学生指导记录》上记有如下内容：

　　惠子的家位于B城，沿着半岛南下，距离A市大概有一个小时的车程。她的父亲（五十二岁）在A市的大型船舶公司上班，她的母亲（四十五岁）是保险外派员。她的姐姐长她两岁，现已就读私立大学。小学的时候，惠子很有才气，学过钢琴、笛子和画画，老师们异口同声地称赞她很有慧根。

　　惠子的学习成绩也很好，从中学起就在A女子学园中学部上学。因为上学路上花的时间很长，所以惠子到A市来寄宿。她在初中的时候成绩中等偏上，从高一开始成绩逐渐下降，高二的时候降到了最后一名。

　　家庭访问的时候，我对她的父亲说："希望家里有人能够好好管管惠子，这个角色必须由您来扮演。家长信任孩子，但也不是让孩子随心所欲。"我这么跟惠子的父亲说了之后，他说道："跟惠子接触的时间太少，不知道孩子到底在想些什么。担心万一管她的话反而起到反作用，所以该说的话也就没说了，今后会好好改正。"但是随后，惠子的父亲对惠子的母亲说过"这样下去可不行，得想想办法"的话，却依然什么也没有对惠子说过。

惠子的母亲对女儿言听计从，非常溺爱她。惠子的姐姐到现在了还会说"寂寞啦"，要到母亲床上去睡觉。母亲格外爱姐姐，相比起来，惠子则从小就不对母亲撒娇，是个让母亲寂寞的孩子。惠子一直没能融入母亲和姐姐之间，又因为她从初一起便开始了寄宿生活，可以说，她对家庭的感觉比较淡薄。从母亲的角度来看，孩子上了纪律严格的 A 学校，只要给足了钱，学校就能把孩子培养好。

暗影　"而另一边，由美子家在 A 市郊区的渔村。她的父亲曾是老师，现已去世，祖母（七十一岁）和母亲（四十三岁）在家附近的饮料加工厂上班，祖父（七十五岁）时常给渔民帮忙，一家人生活贫困。现已过世的父亲在由美子初中二年级的时候精神失常，经常对母亲施暴。如果由美子想要去阻止父亲，她也会被父亲施暴。"

"因此，由美子很憎恶父亲，好像还曾想过'如果父亲死了我就可以改变'。但是，高一的时候，曾经如重压一般存在的父亲去世了，反倒让她心生空洞，成绩急转直下。她似乎认为，如果自己脱离了日常的学校生活，就能自我改变。"

波濑教谕每周进行一到两次家访，多的时候天天都会有。上课、放学后还有俱乐部活动，结束之后，晚上就驱车飞奔。十点半到十一点才回家，然后还要准备第二天的指导教案。他说"工作相当辛苦"。

哪怕是如此付出，却并未收到多少回报。不知是在第几次去由美子家进行家访的时候，波濑教谕发现由美子的磁带里，一大半都是流行歌曲，便若无其事地说："以后可以稍微听点古典音乐。"但是她却突然大声喊起来："老师，这些磁带都是我父亲活着的时候流行的歌，老师你不会明白，我是用怎样的心情听这些歌的。我父亲……"

由美子这样说着，她的母亲喊着盖过她的声音："你对老师说这些，他也不会懂的，快别说了……"

"我立刻明白自己'搞砸了'，但为时已晚。在那孩子的家里，总是飘着她父亲的暗影。"他说道。

自杀未遂　惠子和由美子不顾老师们的"命令"，事发之后也并未断绝来往。《学生指导记录》上记满了老师苦涩的文字：

> 惠子很自恋，认为"偷东西的自己也很可爱，别人越是批评她，她就越觉得自己可怜"。有这种想法的惠子，把活在贫穷与阴影中的由美子塑造成悲剧的主人公，当两个人混在一起做坏事，满身是泥的时候，她们更会对彼此产生亲近感——这是我的看法。

也许根本不可能让这两个人分开。后来，她们一起无故旷课，到京都旅游，甚至宣称"我们永不分离"。她们遭到了强烈批评。第二天，由美子试图自杀，万幸被挽回了生命，但恢复意识之后，她朝着波濑教谕大喊："老师想杀我！"

仿佛有一种与老师们的善意和努力毫无关系的，能把少女们引向无尽荒野的力量在隐隐作祟。

需要浪漫

退学通知书　由美子自杀未遂的事情让老师们大为震惊。"这也许是她反抗我们的教导的证明。面对自杀这个武器，我们该如何应对呢？我们只是觉得害怕。"波濑教谕说。

或是过量服用镇痛剂，或是被其他学校的女高中生殴打，惠子和由美子依然继续惹得老师们不得安宁。到了秋天，十月份的某一天，有人发现这两人正在吸食天拿水①，学校让她们交了没有标注日期的退学通知书②。

即便如此，波濑教谕也没有放弃她们。为了能让她们追上学习进度，他专门拜托任课老师晚上到惠子寄宿的地方给两人辅导功课。

圣诞前夜，这两人再次因为偷窃而被警察训诫。因为惠子要从寄宿处回家了，两人要有一阵子见不到彼此，于是决定办一场

---

① 又名辛纳水，多被用于稀释化工产品。含有甲苯、二甲苯、甲醇、乙酸乙酯、甲乙酮等多种有害物质，吸食后有令人兴奋、制造幻觉、令人麻痹等后果。在日本，携带、吸食天拿水等是犯罪行为。

② 没有日期的退学通知书由学生提交给学校，相当于学校给学生下达了退学警告。学校可在合适的时机将日期补充完整，将学生开除。

分别派对，便在出门买东西的时候偷了点心和衣服。两个人乖乖在审问室里等待波濑教谕的到来。

退学的日期确定了。曾颇受波濑教谕帮助的由美子的班主任曾这样回想当天的事情：

"当我把由美子的妈妈、祖父和祖母送到校门口的时候，从三月以来发生的事情像走马灯一样在我脑海中浮现出来。我到底都干了些什么？就没有更好的办法了吗？我只能对由美子说，好好活下去！我为此很不甘心。"

细线 对于波濑教谕来说，这种感情就更强烈了。今年三月二十日，A女子学园毕业典礼的当天，惠子和由美子一起拜访了他。惠子去县立高中重新上一年级，由美子则一边在医院里上班，一边在县立高中接受通信教育。

"让您担心了。""承蒙您的关照。"

她们轻轻低头行礼，两人的脸色都比之前明亮了很多。

"我看着她们明亮的脸庞，那一瞬间我在想，之前想让她们留在学校的努力是不是没有意义。我和她们之间，有一条细线，这根线微弱地连接着我们，只有这样想，我才可以说服我自己。我想这样看待这件事。"他说。

他的这番话让我们联想到了在采访的时候遇到的北九州市某女子高中的C老师（三十五岁）。在那所学校，学生们各种各样的不良行为像是在开展销会，偷盗、离家出走、性行为、暴力……已经见惯大世面的C老师也因为听说学生怀孕而有些吃惊：

"突然接到一通电话，三年级学生的妈妈说，'孩子怀孕了，要退学'，真让我震惊呀。但是我也想了，怀孕了也不一定非得退学，我觉得应该让孩子把学上完。学校职工会议上，大家吵了起来。最后还是决定试试看……"

那孩子在马上就要显怀的时候来上学了。

"我仔细观察了一下。下雨天或者大风天的时候，班上的女孩子们帮她撑伞，还会站在风头上帮她挡风，做了很多事情呢。我总觉得这些孩子学习不好，不聪明，等等，其实她们都很会照顾人。大家伙儿一起保护那个姑娘，我觉得这种经历很宝贵。后来她家里打电话来说，'平安生下了一个男孩子'，我感觉像是取得了胜利一样，忍不住哭了出来。"

我们就是在这个学生生完孩子后不久见到这位C老师的。他回想着这段经历，这样告诉我们："教育是需要浪漫的。没有这份浪漫，教师这份工作根本做不下去。"

下赌注 波濑教谕在两名少女再次的成长上下了赌注。他追着这两人，被她们讨厌、被她们反抗，身心俱疲，却只换得退学的结果。在他与她们之间，只剩下了隐隐约约的一根细线，波濑老师很迷茫。

"春假的时候，我一边在山里砍松树林，一边思考。如果总是在弯曲的树和大树的阴影里，树就没法茁壮成长。有的树会倒在边上的树身上，或者把旁边其他树的树枝折弯，人们会把这样的树用斧子砍倒。就像这些被砍倒的松树一样，是不是这两个人影响了其他学生的成长，所以我们把她们也砍掉了……"

正如C老师所说的"浪漫"一词，或者像波濑教谕所说的"一根细线"，对于现在的老师们来说，是否能与学生们形成"教育与被教育"的关系，是否能与学生心灵相通，这也许都像是在下赌注。教育的基础已经遭到了强烈的撼动，孩子们的心灵遭受着各方侵袭……尽管如此，老师们依然在这微弱的浪漫中下赌注。

教师的职责到底是什么？要提高孩子们的成绩，要让更多的学生信任自己，还要走下讲台，到走廊上去、到操场上去、到学生家里去，彻底地追上学生。我现在深深地体会到，我们面前的这些学生，从心底里希望我们能做到这些。

波濑教谕在《学生指导记录》的最后写下了这些文字。

— 和 X 先生的对话 —

消失的现代坐标轴

暴力结构 这是去年年末的事情。在九州的某个镇上，三名初一学生偷偷潜入游乐园的餐馆，喝完啤酒和清酒之类的饮品后，放火烧了猴子笼，烧死了十三只食蟹猕猴①。谁能想得到，十二三岁的少年，其内心竟如此暴戾。

东京某私立高中的老师对我们说，学校像是角斗场，师生之间弥漫着紧张的空气：

"到我们这儿来的学生，大部分都是从小学开始就不停地被老师贴上标签，说成是'不行'的孩子。他们有很强的低人一等感，从一开始就没打算学习，对老师也很蛮横。学生们看不起老师，老师便不能好好教课，就只能用彻彻底底的拳头来压制学生。学生们的这种'痛苦'，也只能通过跟其他学校的学生打架，或者是当摩托车暴走族来消解，这种模式已经成为定式了。"

可是，与此同时，既离不开母亲的庇护，又讨厌学校、拒绝

---

① 也称"长尾猕猴"，因喜欢在海边觅食螃蟹及贝类而得名，主要分布在亚洲东南部。

上学，把自己关在家里不出门的高中生也越来越多。东京都教育研究所指出，出现这种情况的孩子以小学、初中、高中的顺序逐渐增多，且每年都在递增。

花子的手　全家自杀，中学生、女老师的自杀，高中生的不良行为……到目前为止，我们已经关注了不少教育的阴暗面。作为采访的一个节点，我们同智囊顾问的 X 先生（多人代称）就如何看待这些阴暗现象进行了讨论。在采访的时候，我们经常听到这样的话语："这是个特殊案例，为了其他的孩子，也请你们把这件事放到一边去吧……"但是，只把这种事情看作一个特殊案例，这样真的好吗？

"真正的问题在于，这一系列报道所涉及的死去的孩子和老师们的绝望，绝非特殊案例。就算我们去探究一件很明亮的事情，也会遇到与这种绝望共通的黑暗吧，所不同的只不过是覆盖黑暗的地层厚度是深是浅的问题。当今教育前线的深层，横亘着这种黑暗。哪怕是'好学生'们，只要走错一步，也有可能被卷入悲剧中去。这就是现代社会的可怕之处。"X 先生这样说道。

黑暗地层——那到底是由什么所构成的？是教师——这个对于儿童教育来说最重要的人出了问题吗？

以前，日本东北地区①有位老师闭上眼睛也可以猜出来"这个是花子的手，那个是太郎的手"。因为帮生病的母亲做洗刷工作，所以花子的手上生了皴痕，老师对孩子们的了解非常深入。

有的老师曾帮孩子舔舐伤口。如今的状况又是怎样的呢？

---

① 包括日本本州岛东北部的青森县、岩手县、宫城县、秋田县、山形县、福岛县六县。其中，宫城县的仙台市是东北地区最大的城市。

"快去医务室吧"，只需这样说一下就行了。为什么不能好好关心一下这孩子呢？这种看似合理的做法，附着着一种吞噬灵魂的东西。

教师之中是否也存在官僚主义？即通过增加考试次数，老师收集了更多"合理的证据"来证明孩子不行，以此来让父母和孩子们放弃。这种做法是不是包含着免责的想法？官僚主义与获得荣光紧密连接，校长和家长都不会有什么意见，反而还能顶着"为了孩子好"的大帽子，达成"为了大人们好"的实际目的。这样一来，教育真的可以拯救孩子们的绝望吗？

但是，问题不只出在老师的品性变化上。我们还和 X 先生聊起过，这十几年的高度增长期里，在老师身上浮现出的这种品性，恐怕已经渗透到家长，乃至全社会之中去了。

适者生存 词典上解释说："这是生物生存竞争的结果。只有最适合外界状态的物种才能繁衍生存，不适合的物种则会被淘汰，乃至衰退和灭亡。"弱肉强食的道理也好，竞争原理也好，表达方式有很多种。是否可以说，这种对"弱者之悲"无动于衷且视若无睹的社会性观念，正在深深地扎根并且蔓延呢？如果没有孩子们的自杀事件所象征的教育黑暗地层，对支配社会的强者理论进行切开手术，难道就无法除去这些病灶吗？在与 X 先生谈论这些问题的时候，我们做了这样的思考。

有一本面向儿童的故事书，名叫《冒险者们》（斋藤惇夫著）。得知同伴老鼠马上要被鼬鼠杀害，十六只老鼠抱着必死的决心向其发出了挑战。

"性格各异的十六只老鼠迟迟无法做出一致的决定。最终，它们以侠客之义团结在一起。是谁夺走了孩子们心中的这种侠义心气呢？我给小学五年级的学生读了这个故事，问他们：'你们之中也有很有个性的人吧？'他们竟然回答我说：'这样的人就是出格的人，出格的人会被老师和朋友们讨厌的。'"X先生慨叹不已。

对人而言到底什么才是最重要的？怎样的生活方式才是精彩的？现代社会失去了这个坐标轴，而这才是造成教育黑暗状况的根源吧。

采访笔记①

遮掩伤口的人们

我们是从一九七五年（昭和五十年）四月初起正式开始《黑暗地层》采访的。一家自杀、个人自杀、不良行为……我们同事三人各自确定了采访的目标后，便出发到各地去了。虽说在此之前，我们已经进行了电话采访，也从各地支局那里收到了一些报告，多少也算掌握了一些能够进行采访的资料，但是我们并不清楚，到底能不能直面教育。总之，我们先把自己当成警察身边的新手记者，试着去调查事情的真相。

我们之中的一人，顺着一家自杀案件的踪迹直奔姬路市的自杀现场，就像是案发后立刻进行现场采访一样，对附近的邻居们进行了一圈询问调查。当晚，他还拜访了去世的A一家人的一位至亲。

A先生的妻子B子女士的姐姐和姐夫两人，在姬路市经营着一家不算小的酒馆。找了一大圈，终于在晚上九点找到了这家店，吧台的另一侧站着一位很像是姐夫D的四十七八岁的男人，正在准备打烊。我们的这位同事点了一杯咖啡，姑且看看这家店铺的样子，在店里没有找到像是姐姐的人，只有一个服务生女孩和一名做饭的年轻人。店里的一组客人离开后，就彻底静下来了。不管做了多久的记者，当要闯入别人的悲伤来进行采访，依然会觉得心情沉重，该怎么搭话呢？在员工面前问起这件事到底是否合适呢……正在他思考这些问题的时候，那个女孩走过来说，店要打烊了。借着这个机会，我的同事到收银台去跟D先生搭起话来。

"实际上我是做这行的……关于A先生一家的事情，我想向您请问……"我的同事这样说着，D先生注视着他的名片，打断他的话说："啊啊，关于那件事的话，就别再缠着我了。事情都过去了，我已经决定要忘了这事了……"一边想要归还名片。

"不不，实际上我是做关于教育问题的采访的，完全没想着要对这个案子或者逝者的事情写这写那的。甚至说，我认为有某种原因把A先生一家逼到了这个境地，或者说，一种背景……也就是说，我认为A先生一家人是牺牲品，因为这个，我才……"

实际情况跟预想的一模一样，果然险些吃了闭门羹。我的同事语无伦次，拼命跟对方搭话。

"我想您应该是他们最亲近的人，只需要您稍微告诉我一点点就可以了，比如少年C平时学习的事情之类的。我是否也可以跟您太太稍微了解一下情况呢？"

"哎呀，饶了我吧。那件事情之后，我老婆整个人都变了，千万不能让她见到你们。哎，就这样吧……我要打烊了。"D先生这样说着，随即到后厨去了。

少年C上的市立初中，在市郊一座小山丘的山脚下。沿着校门前缓缓的坡路向上走，会看到路两旁连排的樱花树，已经稍微过了花朵全开的时节，花瓣静静地飘落。走进学校大门立刻右转，有一座古旧的木造建筑，少年C曾在这里纵火。一边的运动场上，少年们正在打排球。

我同事直接去了校长室。敲门的时候听到房间里有声音。原来，正好有四五位像老师一样的人坐在沙发上谈话。校长走到门口来，我的同事赶紧从门缝里递上一张名片，简单说明来意。校长说了一句"哎呀，饶了我吧"，直接就想把门关上。要是直接关门就没有办法了。"请等一等！"我同事用身体抵着门说，"能让我跟您说两句吗？"

"已经是过去的事情了，就先这样吧。"门险些就要被关上了。双方推推攘攘，我的同事也毫不退让。

"在走廊里说两句就行，您能出来一下吗？请您听听我的采访诉求好吗？"

门那边的力气终于变小了。校长很不情愿地来到走廊里，他身材强壮且结实。我同事本以为他生气了，但他并没有，而是深深鞠了一躬，然后说道："无论如何，请饶了我吧。请不要再继续揭伤疤了！拜托您了。不管怎样，这件事情也已经是过去式了……"

他又深深鞠了一躬，就打算要回房间，于是又是一波围着门的推推攘攘。门的两侧分别是拼命想要关门的校长和一直不放弃挣扎的记者，他们之间展开了奇妙的对话。不管记者怎么解释，校长都不愿改变他最初的态度。

"现在总归平息下来了，希望你不要再碰这件事了。我要是说了什么，又会被各方误解。首先，那是个特殊案例，不要把它跟一般的学校教育联系在一起呀。"

校长多次强调这是"特殊案例"，想以此终止谈话。于是我同事反问道：真的可以断言，这完全是少年C和他家人自己的问题吗？作为校方就丝毫没有需要检讨的地方吗？

"哎呀，我也知道应该好好关注每一名学生的。这件事情发生之后我们开了职工大会，也提出了要让全校教职工都好好关注每一名同学，必须得更加深入地了解学生们。但是，道理都明白，可实际上这不一定能行得通呀。再说，对我来说，如果家长不信任学校、不来找我们谈话，那也挺麻烦的呀。"

校长不断地在门缝处说："就这样吧……"尽管如此，我同事不断询问也只能得到这些回答。"好了，就到此为止吧……"校长这样说着，最终还是关上了门。他为何不能坦率地跟我们讲话呢？"别再碰我的伤口了！"校长所说的这个"伤口"，到底指的是什么？是少年C的纵火和他一家人的死亡事件吗？如果不是通过彻底审视这件事并从中确认痛彻心扉的感受，他的伤口怎么会被治愈呢？"那是特殊案例！跟学校没关系！"从校长的话语中，我丝毫感受不到这种痛。"可真是搞出件大事来了！真是添乱呀！负责的老师可得给我更注意一点呀……"如果净想着这些的话，那谁也救不了。我的同事想了很久，迈着沉重的步伐沿着那个坡道走下来，又看到了樱花的花瓣平稳地在空中飞落。

他在自杀现场附近听说死去的A先生有个哥哥是做老师的，于是去查了区政府的尸体掩埋申请单。不出所料，这位哥哥E先生就是申请人。"神户市垂水区盐屋町某某号街道某某号"——根据申请单上的地址和姓名，我同事在深夜拜访了他。从国铁站下车，一条坡道穿过丘陵地带延伸开来，连接了一片新开发的住宅区。沿着这条路走了三十分钟，却还是没能找到E

先生的家，无奈之下我同事只好给他打了电话，E先生接了起来。虽然E先生也说着"放过我吧"，想要挂断电话，但我同事好说歹说，终于在他的指导下找到了路。那是一座和洋合璧的新建筑。E先生五十五六岁的样子，头发稀少，很瘦，看起来有些柔弱。他的房间里还放着一个日式暖桌。他的太太在一旁铺开了缝纫工具，一边忙着手上的缝纫活计，一边满脸厌烦地打了招呼。

"报纸上都说B子是个教育妈妈，惹得一团乱，实际上根本不能这么粗暴地瞎总结……"

E先生终于打开了沉重的话题，开始慢慢说了起来。然而他的太太好像要阻止他一样，从一旁插话进来。E先生的女儿最近刚嫁人，母亲又生病卧床不起。事件发生后，他们苦恼得甚至也想自杀，但是想到女儿和生病母亲，又觉得不能死，心烦的事情实在太多了。她好像在说，千万不要再增添痛苦了，不想让E先生再多说了。

"您是做老师的对吗，作为教育工作者，您怎样看待A先生一家的事情呢？"

"是呀，我也是做老师的，也知道教育现状。那孩子也是……"
E先生说到这里，他的太太又开口了。

"你呀，就算说这些，死去的人也不会再活过来。快别说了。"

她一下子用两手扯断了手上的线，看起来焦躁不安，并向丈夫投去了冷峻的眼神。

"我们夫妻俩，基本上很少跟弟弟夫妇他们联系。我丈夫也是吃了很多苦头，刚刚才当上教导主任。总之，别再管这件事了，好吗？请按我的意思来吧。"

E先生沉默了，深深低下了头。过了一会儿，他小声说："这件事给大家添了这么大的乱子，我道歉。希望人们能以此为戒，好好吸取教训。我只能说这些了。请您回去吧。"

他的妻子用冷峻的眼神紧紧盯着我同事，实在没法继续深谈下去了。郑重地感谢之后，我的同事离开了。虽已四月，夜晚还是微凉。

供述调查书

第二天，我同事又去了警察局和检察厅调查记录。纵火事件之后，母亲曾这样供述：

B子女士的供述调查书

C生下来一年左右，我们发现他有斜视。三岁的时候，我们在姬路国立医院为他做了手术，把他治好了。他两岁的时候开始发哮喘，一直到上幼儿园为止都频繁去医院。四岁的时候得了风湿热和猩红热，幼儿园中班的时候又得了过敏性鼻炎，一直到小学三年级为止都在本町的兵医院看病。小学六年级的时候做了扁桃体手术，那时候藤森医生说他的"鼻软骨是弯的"。这孩子从小体弱多病，出去玩经常会发烧，性格比较内向，是个乖孩子，从来没有跟父母犟过嘴，也不发表自己的意见。他刚上初一的时候，我们跟他商量着要请一位家庭老师，他强烈反对过，但我们还是雇了家庭老师，每周陪他学习两次,可他就是不喜欢,也不听老师的话,完全采取反抗的姿态,所以一个月之后我们就把老师辞退了。

成绩的话,小学的时候还马马虎虎,老师说孩子们都一样,但我觉得只有我家孩子是这样的。大概去年十一月的时候,我也开始练习书法了。我想着,如果我也跟孩子一起学的话,孩子就会看着家长的态度,自己也开始好好学习,所以就跟他面对面学习。那时候,他好歹会学一点。我觉得会给孩子带来好的影响,所以才这样做的。但现在想来,那可能反而给孩子造成了精神压力。

C 从学校一回家就闷在自己房间里睡觉,下午六点四十分左右我会把他叫起来,让他听英语会话的广播,大概七点结束,然后吃晚饭。周一、三、五要上辅导班的话,就一直睡到去上辅导班的时候,上完回来再吃饭,大概学到十二点再睡,每天都是这样。我只有在孩子从学校回来的时候还有吃饭的时候才有时间跟孩子说话。我和孩子,也就是断断续续地说说学校和辅导班的事情。除了学校之外的书,我孩子在读的《路旁之石》①和《次郎物语》②,都是我买给他的。

---

① 发表于一九四〇年,是日本作家山本有三未完成的作品。故事发生在明治时代中期,主人公爱川吾一成绩优异,却因家境贫寒而在小学六年级时辍学当了学徒。主人公在逆境中不断成长,最终成为命运的主人。在日本,《路旁之石》颇受中小学校欢迎,且多次被改编成电影。
② 发表于一九四一年,是日本作家下村湖人所作的长篇教养小说。全五部,未完成。《次郎物语》由一系列故事组成,主要讲述主人公次郎如何面对困难、克服困难,获得成长的故事,问世至今影响了几代日本人,亦被改编成影视作品。

他自己买来读的书只有《哥儿》①。还有他说是朋友推荐给他的书，有岛武郎的《与生俱来的烦恼》②，也买了。

因为我丈夫经常出差，总的来说家里是我做主。我丈夫对孩子的态度呢，就是"想学习的话就学，能考上哪所高中就上哪所高中"这样，不怎么严厉。

至于怎么会发生这样的事，现在，我从自己的角度来想就是，这孩子没什么干劲，我却对他期待太多。他不喜欢学习，我却非要让他学习，这对孩子来说压力太大了，我也承认这孩子性格是有点内向的。我觉得大概就是因为这些，才导致这样的结果吧。

本来想在小酒馆里见一面，B子女士的姐姐却被拒绝了。她这样说过：

"……在我看来，C从小在这样的环境里长大实在是可怜。我自己没有孩子，就跟我妹妹说不要对孩子那么严厉，我也会主动到那孩子家去，时不时地带着他去百货商场里买东西，散散心。渐渐地，我觉得那孩子跟我好像比跟他妈妈更亲近了些。

"大概从去年一月份开始，那孩子开始自己到我们店里来③。

---

① 发表于一九〇六年，是日本文豪夏目漱石的代表作。作品讲述了一名刚从东京物理学校毕业、生性鲁莽且没有人生目标的年轻人哥儿，到乡下当老师的故事。他受到同事排挤，目睹一个唯唯诺诺的同事被排挤走后忍无可忍，和性格直爽的同事一起教训卑鄙小人。
② 又译作《出生的烦恼》，创作于一九一八年。小说主人公一心想成为真正的画家，却不忍抛下苦难中的父兄，在艺术与生活、理想与现实之间痛苦徘徊。
③ 指D先生夫妻两人所经营的小酒馆。——作者注

以前，他会跟他妈妈一道，一个月来一趟。自从他单独行动后，来的次数就变得多了起来。这半年，几乎每个周日下午一点到一点半左右，他都会骑自行车来，待到下午三点左右再回家。之所以会这样，是因为上午要学习，下午四点左右又得学习，周日之外从没来过。我说，稍微迟到一点也没关系呀。那孩子却说会被妈妈批评的，就回去了。我觉得这孩子真可怜，但又觉得似乎再没有别的小孩能像他一样这么听家长的话。"

事件当晚

紧随纵火事件的记录之后，映入眼帘的是自杀现场的鉴定照片。我的同事不想看，但因为是在做采访，又不得不看。就在这样动摇之时，他感到当晚那件惨案的现场状况已无法再忘却。

少年C的父亲身着白衬衫和裤子，从绳子上垂下来的头部，发量稀少。C的母亲则穿着一条阔腿裤。大概是在深夜，他们两人用锯子在和式房间的天花板上开了两个洞，并沿着这个洞往天井上面的房梁上搭了绳子，上吊自杀了。而在他们一侧的棉被里，他们的独生子少年C，则被用绳子绞紧脖子勒死了。夫妻两人在杀死儿子之后，一定在匆忙地准备自杀。当时是二月初，晚上依然寒冷。深夜，这位父亲看着身边儿子的尸体，到底是用怎样一种心情去天花板上开洞的呢？呲啦呲啦。锯子发出的声响，仿佛是要砸开地狱的大门。对这对夫妇来说，那声音抑或是乘着小船逃离现代地狱的摇橹声吧。这对夫妇的尸体，垂着头部、悬挂在空中，像是在面对着永远无法解出的难题，认真地沉思着。

母亲B子给她姐姐和姐夫留的遗书这样写道：

果然只能这样了，除此之外别无办法。选择如此卑怯的方式，我深知会给您带来巨大的麻烦，但我还是走上了这条路。

谢谢您一直以来这么关心C。

一直任性接受着您的照顾，却变成这样的结果，我丝毫不能为自己辩解。

请原谅我。

您让我做的衣服，我完不成了，已经转交给××子了。

另有一事，装有本月费用的信封，麻烦您帮我转交给住在附近的茶道老师。

抽屉里有现金和存款证明。

B子

白色监狱的印象

我们记者出差进行采访，虽说是旅行，却丝毫没有"旅"这个词所包含的浪漫主义色彩。我们必须用最高效的方法到达目的地，用最高效的方法与人见面、收集资料。我们的头脑里只想着这些问题，根本没有余暇在心中记下这座城市的样貌，就得急急忙忙赶往下一个目的地。而最近，商务酒店出现在了各个地方，像是在等待出差的普通职员们一样，实在让人觉得无趣。半夜，终于结束了一天的工作，回到酒店房间。虽然根本没什么兴趣，但还是会投进去一枚一百日元的硬币，打开电视。①要是没有这点电视的声音，人们甚至无法忍受这房间所散发出的压迫感。酒店只给每位客人提供一个茶包，绝不多给。把茶包放到茶杯里，再用玻璃保温瓶往杯子里倒开水。水已经不热了，只能泡出一杯淡淡的茶。看着这不靠谱的东西，我们一天的疲惫全都涌上心头。从牙刷到晚饭时吃的炒面，全都要在自动贩卖机前排队购买——这是所谓的硬币模式。稍微夸张点说，再没有比这更能让人体会到现代社会的寂寥感了。

哪怕是这样，也没有什么比我在富山的"旅行"更令人感到阴暗且忧郁的了。表日本一带马上就到了绿意萌生的季节，而这里依然残留着冬季的阴影。时不时飘起的小雨如隐忍的啜泣一般，下下停停没完没了。天空像被蒙上了灰暗的布，整个城市的光亮浸在这黑褐色之中。

我之所以会来到这座城市，是因为要采访少年A的自杀事件。我在事前调查时发现少年A"用刀具刺向心脏"，从中感受到了非同寻常的悲惨。我的心情也总是晴朗不起来。或许是因为北陆地区这低沉的天空，也可能是因为冷酷地吞噬了少年之后依然冷酷地运转着的这所谓的现代。越是聚焦在少年之死的周围，这种黑暗便越会加深。

少年A转学到富山市立初中时，曾担任班主任的年轻老师I，现在已经调职去了别的初中。往各处打了几通电话之后，我终于找到了他调职的地点。下午四点，预计马上就要放学的时候，我来到了这里。

---

① 过去，日本的一些商务连锁酒店会备有投币式电视机，供住客观看。

这是一处刚建不久的钢筋混凝土结构的白色校舍。走进去之后，我发现学生们成群结队，正在吵闹地进行大扫除。有的孩子穿着校服、戴着校服帽，单手拿着拖把在走廊里晃悠，有的孩子拿着扫把只是单纯地左右摇摆。冰冷的塑胶地板向前延伸，任凭孩子们玩闹似的打扫着。我在等待I老师的时候，在教员办公室的角落里坐下来，发现这里也正在热火朝天地进行大扫除。一位年长的女老师正在用尖锐的声音训斥擦桌子的女孩子们。

"哎呀！桌子这么轻飘飘地擦是不行的！你得让我说多少遍才能明白呀！得用力！"

但是，女孩子们面无表情。有许多老师正在伏案写材料，也有老师把学生叫来办公室，满脸严肃地进行质问。这些女孩子就是在这样的环境之中穿梭着擦桌子。孩子们为老师擦桌子，老师们却连一句"谢谢"或者"辛苦你了"也没有。确实，每位老师都在忙碌，但孩子们看上去却像是老师们的仆人。我突然想到："我家的孩子，放学后是不是也被老师们这样使唤呢？"

I老师看上去是个三十四五岁、性格活泼的男人。他在办公室里进进出出忙活了一阵子之后，带我到了一间像是会议室一样的房间。他看了我的名片，慎重地听取了我的采访目的之后，直率地开启了话匣子：

"他转学过来之后，一直都是个非常乖的孩子。除非必要，绝对不多说话。他可能有点面无表情吧，我在课上经常让孩子们放声大笑，但每次我环顾教室的时候，只有那孩子在所有人的笑声中，默默地，一笑也不笑。我一看到他的表情，自己也立刻觉得不好笑了。这样的情况经常发生。我在家长会上见过他母亲一两次，她是个非常安静的人……"

我听了 I 老师对少年 A 的介绍，感觉他跟我儿子小时候的状态非常相似，这让我的内心很不平静。随着转学，原本就紧闭的内心，因为来到这片语言不通的土地，更加冻结了吧。在没有了解更多的情况之前，我仿佛已经完全看到了一位刚转学的少年的身影。紧闭内心的状态自然不会对学习有任何益处，少年的成绩日渐下降。

正在我跟 I 老师说话的时候，房间的门被猛然打开了。一位中年女老师正要进来。

"啊，正在说话吗？抱歉。"

这位老师这样说着便出去了，但大概过了十分钟她又来了。再过了一会儿，她又来了第三次。

"打扰一下。"

她毫无顾忌地走进房间，一边走一边挨个检查窗户关好了没有。看到这个，I 老师突然站了起来。

"哎呀，到时间了！该不会被关上了吧！"

他说着，从窗户望向校园。这所学校的门禁时间是下午五点，一到这个时间，所有校门都会关闭，不管是老师还是学生，都像是被追被赶似的，必须离开校园。教育委员会委托保安公司负责管理后续状况，除了偶尔有人来巡视之外，校园里完全是无人状态。保安们会检查学校里的每一把锁，一旦发现有哪里没有锁上，就会向教育委员会报告未上锁的日期和场所。一旦有了这样的报告，当天负责管理的老师就会被校长点名警告，还会被扣分。

我坐在 I 老师车子的副驾驶座上，I 老师一边开车一边告诉我这些事情，并说道："刚才那位女老师，对这件事很在意吧。就是类似这样的事情，让老师们花费了太多的精力呀。"

取消住校值班、缩短劳动时间……这些确实改善了老师们的劳动条件。法律完全没有要把老师捆绑在艰苦的劳动环境里，但是这种理所当然的改善，实际上，也剥夺了老师与孩子们接触、增进了解的机会。夜晚，短暂地拜访住校值班的老师，听听老师说话，跟老师学学下将棋，这已成为令人怀念的景象。如今，无论老师还是学生，都在规定的时间内离开学校，没有一丝留恋。这幅光景，让人感觉白色的混凝土校舍看上去像监狱一样。

迷途的老师们

我见到了县教育委员会负责初中部门的指导主任。上层领导如何看待"三七体制"推行之后的状况，又如何看待师生们的真实境遇？我有很多问题想要问他。指导主任告诉我一系列数字，向我说明"三七体制"如何推进，以及截至一九七六年普通科和职业科学生比例各占一半等状况。

"关于如何指导学生选择未来的道路，国家大概在一九七二年左右开始转变了方针。不是您所说的按照分数来对学生进行分类，而是以学生志愿为导向，让学生选择自己想做的事和想走的路，根据学生的意愿来进行指导。如果没有意识到自己的目标，上了高中之后也会不适应的。所以呀，我们会充分尊重孩子本人和父母的意见，逐步进行指导，让学生了解自己，意识到自己的努力目标。就算失败了，也会让孩子自己变得坚强起来。"

然而，实际情况真如这位也许曾当过校长或教导主任的指导主任说的那样理想吗?

有位老师这样说道:"对孩子们,难听的话我会直说的,不然孩子们显然会因此而陷入不幸。如果有的孩子只有能上工业高中的分数却不想去的话,我就会鼓励他说:'你不想去的地方别人也不想去,选这里的话比较稳妥,有的孩子只能去上私立学校,你就认准这里全力以赴吧!'"虽说绝不能放弃任何一个孩子,但老师和孩子们只能进行这样的对话,这种状况也并不乐观。

另一位老师拒绝用分数将孩子分类,坚持尊重孩子和父母们的意见指导孩子们参加考试,结果班里很多人都留级了。父母们反过来又逼着老师:"指导他选择未来道路的时候要更加严厉。"同时,由于社会上出现了对"三七体制"的批判,学校不再开设补习课,于是,越来越多的孩子开始选择去辅导班或者升学班学习。这位老师还提到,在这样一种恶性循环的状况下,想要放弃的自嘲氛围也在老师之间蔓延开来。

而另一位老师则说,助长这种想要放弃的氛围的,是上层对老师们的严苛管理。这位老师认为,教员会议已经成了校长单方面下达命令的场所。他对此提出了反对意见,提出教员会议应该通过举手表决的方式来决定事务的建议,却遭到了全体人员的嘲笑。这位老师讲述了自己的苦涩经历,表示"非常想拥有自由"。他还说,有的同事还会对校长溜须拍马。在这样一种氛围中,如果出现了初中生留级的情况,对老师来说就是死路一条。

"感觉当了三年级的班主任就只能听天由命了,再不愿意也得把学生分出个三六九等来。我一负责三年级,身上的老毛病就会变严重。调到别的年级,病一下子就好了。要是连着两年都当三年级的班主任,这工作我可做不来。"

老师们既是施害者，同时又是受害者。要如何与自己相处呢？那位老师在没有出口的迷宫中彷徨着。

我一边回想着这些老师们的脸庞，一边不断地向这位指导主任提问。突然，这位指导主任将已经收到口袋里去的我的名片拿了出来，仔细盯着看了一眼，立刻改口问道："你来采访，到底是什么目的？"

虽然经过调整，"三七体制"的比例得到了改善，但是在学校教育的前线，难道不是依然深深印刻着反映这种政策的痕迹吗？我并没有用这样的语气去提问，但是他似乎察觉到了我话里隐藏的这种批判语气。他的眼神变得锐利起来，对于我之后的问题也开始显得不耐烦。不管我怎么变着法子地问，从这个人嘴里说出来的话，都好像是中教审对来自上级的询问所做的回复一样，满是充满华丽辞藻的场面话。这个人到底知不知道学校现场的真实情况？还是说，他即便知道，也装作一副不知道的样子呢？

恐怕这个人已经疲于应付我了。而我，也被一股无处发散的怒火所压制，身心俱疲。

被繁荣束缚

在跟少年A同年级同学的母亲聊天的时候，她给我看了同年级学生们的作文集。当晚，我回到宾馆后阅读了一番。少年A的小作文《修学旅行之后》这样写道：

> 去了一趟修学旅行，也没什么该写的东西。非要写的

话，值得写的东西蛮多的。但真的提笔写，我却不知道该从哪里写起。仔细想来，也没什么重要的，最重要的是心情。想要发现新东西、找到真相的话，愉快的心情才是最重要的。现在想来，到哪儿去都是一个样。最多也就是房子呀道路的样子变了变，或者形状变了变而已。这么一说，感觉全日本也都是一个样。

随后，这篇作文突然变了风格。后面的内容虽然是关于"根植于乡土的古老文化的宝贵之处"这种优等生式的行文，但从这部分开头内容的字里行间，我丝毫无法感受到青年人那激荡的求知欲和野心，脑海里反而浮现出与十五岁的年龄相背离的、绝望的心境。

正文中介绍了一篇毕业文集中名叫《明天》的作文。这篇作文毫无新意，对初中时代进行着一味的赞美。我将两篇作文放在一起对着读，不禁感受到其间所散发的令人不快的苍白感。我仿佛看到了一种对大人的眼光毫不信任且毫无表情的面具，那是钢铁的面具。面具之下的心脏，已经不再有少年本该有的鼓动了。到底是谁，将少年之心锁闭在了面具之下？为什么大人们没有将它解放出来呢？

作为采访的主线路，接下来我其实应该见见少年A的父母，仔细询问他是如何走上死亡之路的。但是我起初听班主任I老师所说的少年A沉默寡言的样子，让我不由自主地将他和我儿子小时候沉默不语的样子重叠在了一起。我没办法再把少年A当作与我毫不相关的旁人，我把与他父母见面的日子一天天地推迟，在城市里逛了起来。

伴随着这种踌躇，第二天，我拜访了当年处理少年A自杀案件的警察。这位上了年纪的、干练的搜查员找出当时的资料，开始向我说明情况。搜查员在我的眼前，用他骨节分明的手指翻着记录。突然，少年A倒在血泊之中死亡的照片映入眼帘。搜查员说，尸检显示，少年A在日式房间的被褥上，先是试图用菜刀刺入腹部，未果，随后将心脏对准刀刃，身体向下倒，刀深深地刺了进来。他用照片进行说明，让我倍感漫长煎熬。我等着他翻到下一页，让我能够将视线远离照片，但在下一页里，少年悲惨的死状再次向我袭来。

"我们也不明白他到底为什么自杀。非要找个理由的话，可能就是工薪阶层家庭的悲剧吧，总是工作调动、工作调动的，孩子对自己生活的地方不熟悉，也交不了朋友……"

听着老搜查员那亲切的声音，我思索着少年的父母当晚受到了怎样的冲击。我再也没有勇气去见他的父母，听他们说自己有多后悔了。

现在我们明白了，富山县的"三七体制"，是基于二十世纪六十年代为经济增长培养合适人才的政策才开始实行的。根据考试成绩，区分出少数的知识精英和多数的单纯劳动力，为适应经济增长进行必要的部署，尽早对孩子们进行分配——这种政策思想与"教育"二字毫无关系，但是富山县却把当地的工业开发等同于当地居民们生活的繁荣，并将这种思想与政策捆绑在一起。官员们甚至一点儿也不觉得难为情，大手一挥就把政策贯彻实行下去了。

那天晚上，我在城里遇到一位老师，他把教师行业里各种各样赤裸裸的事情都讲给我听。他还说"五合枡就是五合枡"，老师自己就接受了这种想法，这会不会成为他们在课堂上怠慢、对孩子不上心的借口呢？这真令人担忧。如果老师们习惯了"五合枡就是五合枡"这样的意识，家长和孩子们也默然认同，被这种思维所侵蚀的话，这种贯彻高度增长政策的思想，便已经在我们社会的深层生根了。这会让少年们更加紧闭内心，体会到无间地狱的暗无天日吧。临别之际，那位老师喃喃道：

"终究还是到了这一天呀。"

这句话一直都萦绕在我的耳畔。

II

荣光地狱

已经很久都没再看到过孩子们在城市的露天公园里游玩的画面了。

取而代之的，是在傍晚或者夜幕时分，提着手提袋走着的孩子们。

一看便知，他们是要去辅导班上课。

我还注意到，如今，就连还没上小学的幼儿，也被妈妈牵着手往补习班或升学班走。

除了上补习班之外，还有家庭教师。这样的孩子不再少见。大人们对此也早已麻木了。

再这样下去，也许在不远的将来，孩子们就被大人们拖着脱离学校教育了。

这样的情况真的能称得上是"教育"吗？辅导班到底又是什么呢？

我们追随着孩子们的身影，走向了城市的角角落落。

（采访时间：一九七五年六月至七月）

— 教师派遣行业的背后 —

利用对学校的不信任感

吞噬灵魂 新山隆非常喜欢对外推销自己。他用的名片比普通的大了一圈，是右翼团体的老年人们偏爱的大号名片，上面印着他的肖像画和八个头衔。教育学博士、教育评论家、日本教育××会会长、××学院院长、作词家……除此之外，名片上还密密麻麻地印着他已出版和未出版的十一本著作的书名。

新山隆的本职工作是介绍家庭教师的中介服务商。他收录了很多想做家庭教师的人的信息，根据各个家庭的需求给人介绍，从中赚取介绍费。"首次在日本成功对家庭教师进行系统化分类，获得大众传媒的大力赞扬"，"导入电脑技术，合理选出适合的教师人选"——他用这样的话语进行宣传，在以东京首都圈为中心的地区获得了知名度，现在自称是个名人，四十岁。

作为商人，赚钱是理所应当的。但如果跟教育产生了关联，他的一番发言便会引发各种各样的讨论。

"现在的学校教育，是泯灭才能的教育，是才能不平等的教育，是批量式教育，是套餐教育。考试地狱的现实客观存在，学历社会的等级也很森严。既然如此，那么对孩子来说，就需要学校提供不了的定制式教育。父母们也因此而开始思考如何有效地把钱花出去。"他这样解释自己这家家教中介公司的"存在理由",引起了教育现场教师们的反对和愤怒:

"那个男人是土拨鼠吧!而且还是把父母和孩子的灵魂当食物生存的土拨鼠!他把父母的不安和担忧变成对自己的需求,堂而皇之地把人心当作赚钱的工具,他跟教育一点也不相干!"

然而,就是这个"跟教育一点也不相干"的人物,自称每年收入高达四亿日元。在他的身上,我仿佛看到了如今教育状况活生生、血淋淋的横截面。

研修社员 从东京的国电车站出来,穿过商业街前行大概五分钟,有一栋六层楼的公寓建筑。那家公司的总部办公室就是由这栋公寓楼里的一间狭小房间改造而来。大门敞开着,从玄关处到走廊里,摆满了鞋子。墙上的海报上印着"改变教育的进程""真正的多线制教学"的字样,挂着人的肖像照片。墙上还贴着介绍这家公司的报纸报道,以及新山先生上镜的电视节目的照片等。

在房间里,被称作教育咨询师的老年人们正在工作。他们曾是小学、初中和高中教师或者校长,客人们打电话来找家教的时候,首先由这些人跟客人聊天,向他们介绍合适的老师。咨询费用是每三十分钟一万日元,出差费用另计。

当天,我们变身为新人社员,跟着咨询师们拜访了各个不同的家庭。

母亲的控诉 我们首先拜访的是位于建满了木造公寓楼和小住宅的东京下町的一家从事印刷行业的人家。这家人想让他们小学六年级的长男——少年A，到东大合格率很高的某所初高中一贯制私立中学上学。咨询师B先生，曾是千叶县一所普通高中的体育老师，几年前刚刚到点退休。这家人的住址距离车站有相当长的一段路，我们走得浑身是汗，才抵达目的地。

"远道而来真的辛苦了！快请进吧！"

少年A的母亲三十七八岁，看上去很开朗，父亲四十二三岁，是个安静得像艺术家一样的人。夫妻俩立刻开始向我们讲述他们的情况。

据母亲说，少年A在五年级第一学期的时候有五门科目都是五分，第二学期就只有三门科目是五分了，上了六年级也不见进步。这样下去，家人很担心他能否通过名校私立中学的入学考试。"有个做老师的熟人推荐我们找个家庭老师，但是孩子自己不要，说他可以自学……"

这时候，孩子回来了，他的个子蹿得很高，但是却显得毫无活力。他看上去少言寡语，向我们快速低头行礼后便下楼去了。母亲看孩子离开之后，突然压低声音跟我们说："实际上，他的班主任是个很有问题的老师……"她开始向我们讲述这令人意外的背景。

老咨询员们的叹息

酗酒教师 据母亲称，少年A的班主任老师酗酒成性，甚至把威士忌的酒瓶拿到教室里来，时不时啜饮几口。

"谁能想到，我孩子说，老师拿粉笔的手都是这副样子呢！"

母亲说着，一边把手来来回回摇晃起来，"这位老师是从四年级开始带他们的，但是学生们知道老师是这副状况，都很不喜欢，这样下去，他们不想学习也是可想而知的事情呀。还有，算术课的时候，他会把学生留下来补课，但是只会让好学生留下来，对差生，就让他们赶紧走，赶紧走……"

经过事后调查，我们发现这位母亲的控诉确有其事。那位老师年近六十岁，考了几次教导主任都没考上，渐渐过了年龄，无法再晋升，自此便开始应付上课，日渐沉溺于酒精之中。就是那个时候，他做了少年A的班主任。

"虽说如此，能有家庭教师的少年A还是很幸运的，不算差生。要是他被分在了差生组，那才是真的惨呢。"一位少年A的班主任的同事悄悄地这样说道。

特训需求 第二天，我们又跟随另一个教育咨询师出门了。这次拜访的也是下町的一户人家，但他们住的是新建的高级公寓。我们乘电梯到六楼，按响了门铃。"各位辛苦了。"出来迎接我们的是一位优雅的女士，四十五六岁的样子。我们踩着软软的地毯走到了起居室。

起居室的沙发上端坐着一位西装革履的、稍显老态的绅士，他的名片上写着某不动产大公司董事的头衔。虽然是工作日的上午，这位父亲却亲自到场。"您好，请把外套脱下来吧。"他赶紧与我们打招呼。

"我就开门见山了，希望你们整个八月都能给我们孩子辅导功课。"

"好的。"

"犬子在念国立大学的附属高中，将来想进医学部学习。二年级时的成绩勉勉强强可以进去，升入三年级之后，物理成绩几乎是零分。现在家里请了一个大学的研究生来，但是这位老师暑假要回乡下。所以希望请一位你们那儿的家庭教师，给孩子进行一个月的特训。"

咨询师拿出了学费说明等材料，开始进行说明。由大学生辅导、一周一次、五至八人一起学习的学费最便宜，每人单次五千三百日元。最贵的是请应试经验丰富的在职教师进行一对一辅导，每周三次的话，收费是八万五千三百日元。这位父亲看着外貌形象老土的曾任教师的咨询师，似乎毫不把他放在眼里，心不在焉地听他解释。最终，双方商定要增加特训次数。

鸬鹚捕鱼[①]　两三天之后，我们又去了横滨市私铁站前的一个家居店。这位母亲的独生子在读小学六年级。她对我们说：

"孩子在学校的成绩是班里前五六名的样子。我们做父母的想找个清闲的办法，比起让孩子为了考大学不得不刻苦学习，如果能让孩子去一个有升学捷径的初中，就放心了，庆应也在我们的考虑范围之内。周二和周四，每周去两次辅导班，周日参加考试，但是辅导班的算术太难了，我已经没办法帮孩子了。'集合'之类的东西太难了，这可不是开玩笑的。我家丈夫呀，每天晚上都只是疲惫地躺着看电视，他要是能给我们说说时事政治之类的该有多好啊。我们家孩子，如果能每周两次跟着在职老师学习就好了，只要是负责任的老师就行。钱的方面，我也在工作，所以没问题的。"

---

① 用鸬鹚捕鱼是日本的传统捕鱼方法。鸬鹚将喉囊当作渔网，看到水下有鱼群时就钻入水中，用嘴巴捕鱼。渔民们驯养鸬鹚，将其捕获的鱼倒出来。

这位母亲打算让自己的孩子每周五天去上辅导班或者接受家庭教师的指导。对于这些只看孩子考试成绩的母亲来说，"通往升学战斗的决胜之路"这样的宣传语，无疑是非常有效的。这位母亲也选择了每周四万三千日元的课程，随后老咨询师便踏上了归程。

我们跟数位咨询师聊天。有位曾经的教师说："我们同行之间总是说，我们就像用了抓鱼的鸬鹚，抓着孩子就让他吐出来……"这位老师一边说着，一边略显落寞地笑了出来。另一位则这样说道："年轻的时候做老师，现在老了也没什么用处了。我之前在酒馆里做会计，一个学生对我说，别干了，这里工资低呀。固定工资是三万到六万，除此之外只有最开始给的一个谢礼，仅百分之七，一百万也就给七万日元而已呀。"

话语之中充满了自嘲之味。

"老师呀，其实应该是父母的替身。但如今学校的老师们放手不管的事情，我们又拾了起来。作为曾经的老师，我真觉得难为情。"

这些将自己的一生都奉献给了教学的人们甚是无聊的生活样貌，在我们看来，构成了一幅寂寞的图景。

虚幻的吹笛博士

购买博士学位 公然宣称自己通过家教中介生意赚了四亿日元的新山隆，他的身上充满了虚幻的味道。

首先是他名片上各种和他有关的宣传文字都写着的"教育学

博士"。实际上,这是他从一家类似"特许大学"的股份公司花钱买来的。这家"特许大学"的办公室位于东京神田某栋大楼的一间房间里。"特许大学"要价一百万日元,而新山花了二十万日元就将学位买了下来。

"曾经的高中教师"这个履历,确切来讲是某私立高中的"曾经的助理教谕"。这是一个仅可在东京都内使用的,有效期限只有三年的临时执照。

"使学习能力显著提升的书""能够让父母的烦恼一扫而净的书",新山的著作依靠这样抓人眼球的宣传语,销路非常火爆。"这些都是我们公司的编辑根据教育咨询师的报告、全国各种辅导班公布的资料,还有一些剪报内容汇总起来的。那个人是不会付给我版税的。"新山的代笔写手这样说道。

"一部分内容是让他们写的,我以工资的方式付给他们钱。"对此,新山这样回应。最近马上就要发行的一本署名为新山隆的关于家庭教师的书,也是通过东大教育学部教授分包给其他人写的(根据这位教授的说法)。

计算机化的真面目 新山让他的公司职员和家庭教师们去买这些书,并且贴心地向他们返还了书费(即免费赠书)。[①]为了能够让这些书成为畅销书,他可没少花心思。

作词家这个头衔又是怎么来的呢?某家唱片公司出版发行了一首据说是由他作词的《学习之歌》。这本是一位广告公司的员工所写的诗,新山与他签订合约,将此作品标为"新山隆作",然后交给了作曲家进行创作。"嗯?只有第三段是让我们公司的

---

① 这是新山隆自己的说法。——作者注

职员写的，我还做了修改呢。"新山这样说道。

为了获得更多的信赖，新山在他的宣传语中这样说道："使用IBM电脑，按照您的要求立刻检索出合适的家庭教师。"

但实际上，我们也获得了日本IBM的证言：

"三个月前，我们营业部的一名员工看到了孩子拿来的宣传页，着实吓了一跳。我们在一九七四年一月份的时候给他们装了电脑终端装置，签了CALL370的合约，按照最低收费每个月二十万日元的标准收取了费用。我们向他们推荐了最关键的软件程序，但是他们并没使用，使用费是零。没想到他们只是为了搞宣传，如此伤害幼小的孩子们的心灵，这真不是我们公司想看到的结果。"

这样看来，一年的销售总额四亿日元（一九七四年）的这个数字也很可疑。于是我们去税务局看了看。

"一九七三年、一九七四年都是申报了一百万日元左右的赤字。我们觉得奇怪，就进行了调查，结果发现一九七三年盈余一百万日元，一九七四年盈余两千万日元，于是补征了税金。也就是说，这家公司逃税了。他们的收益可没有他吹出来的那么多哟。"

这样看来，这四亿日元的营业额，也是为了博眼球的手段吧。

吹笛子传说　一九七〇年十一月，新山经营的家庭教师外派公司第一次受到媒体的报道。他的公司被宣传为"一种新型商业模式的出现"，还登上了电视荧幕。随后，教育评论家新山隆的名字，出现在了各种各样的电视节目上。我们联系了其中的五家电视台，负责人这样说道：

"面向主妇们的节目，首先就是要有趣，一定要保证收视率。我们需要的是哪怕稍微有些极端言论，但是讲话直截了当的嘉宾，我们的卖点就是讨论的白热化程度。新山就是这么个人物，不出所料，反对派的评论家们开足马力跟他争论，节目就变得有趣起来。

"那个人的电话教育咨询环节是我们节目的一个部分，但实际上，是他花钱买的广告代理时间。"

而新山本人，则把新闻报道、自己与名人们一起参加电视节目的照片拿出来大做文章，变成了为自己进行宣传的资料。我们还得到证言，某位记者收了现金、消费券和西服后，在某份大型报纸上写了一篇人物介绍的报道。这让我们甚至失去了想去确认事实的勇气，着实令人恶心。

"全媒体都在关注，赞不绝口""教育界的鬼才"——这种极具冲击感的话语到处泛滥。看不到这幅虚幻景象背后的真实状况，而被这位"鬼才"用"不可以把孩子完全交给学校，要用家庭教师来开发孩子的才能"这样的话煽动，那些被考试成绩所左右的母亲们，内心一定会激起一番波澜吧。我们就生活在这样的竞争社会里。

德国有一个名叫《花衣魔笛手》的传说故事。身着斑点花纹衣服的奇妙的吹笛男人来到一座鼠患横行的小村子。村民许诺如果能够铲除老鼠，就给他一千元，于是吹笛男吹响了笛子走在路上，镇上的老鼠全都随着音乐声涌了出来，它们跟着吹笛男，最终全都跑到河里淹死了，鼠患就这样被根除了。

这个故事还有第二幕。根除鼠患之后，吹笛男人并没有得到事先说好的礼金。于是，他又吹响了笛子，而这次，镇上的孩子们全都被引入了山上的洞穴里。

　　在对"教育鬼才"进行采访取材的时候，我们不禁想起了这个传说。

— 学习辅导班的经营哲学 —

麻将室也变成教室

募集学生 名古屋市东部。从宽广的大道上拐进一条小道，我们向路上的年轻人打听要去的学习辅导班的位置。"啊，在一家叫作××咖啡店的楼上。"原来如此。咖啡店一侧狭窄的楼梯入口处，悬挂着"X学习辅导班"的招牌。教育企业X股份公司以东海地区①为中心，像变形虫一样不断进行着细胞分裂，这家学习辅导班也是其中的一个细胞。

有意愿入伙的经营者需要自备辅导班教室，并向公司支付将近一百万日元。其中，五十万日元作为签约金被收入总部囊中，剩下的钱则用作备置桌椅、黑板等的设备费和广告费。辅导班开设之后，公司会指派教师。之后，公司会向辅导班收取学生报名费的五成、每月学费的两成以及讲师费（每小时一千六百日元）。

正巧，二楼正在上课。老师身着牛仔裤和polo衫，是大学生的模样。教室里只有四名初中二年级的同学。我们向三十多岁的

① 日本本州岛中部面向太平洋的一部分区域，一般指爱知县、岐阜县、三重县和静冈县四县，名古屋是该地区最大的城市。

女老板询问能否对教室进行拍摄，她略显紧张地站起来说："请等一下！今天学生人数太少了，我叫附近的小孩过来一下。哎呀，马上就好！"

很快，接到电话的三四个少年气喘吁吁地爬上楼梯。

一家人 从那里往北开车走二十分钟，我们又到了另一家X学习辅导班。这家辅导班位于热闹的商店街之中，恰巧也在咖啡店的二楼。咖啡店老板直到最近才把同时营业的一家麻将室关门，改换成了辅导班。

"麻将馆不怎么好听啦，别看它是这副样子，在总部里也是屈指可数的很气派的教室呢，我自己也登记做了老师，万一老师休息，我就临时顶班上课。哎呀，算术、国语、英语，什么科目都能教。因为有这个，好像叫红宝书吧，总部发过来的教师用书（即指导书），看看这个就行啦。"

咖啡店兼辅导班的老板直言不讳。

在教室的一隅，摆着正在促销的印有辅导班名称、logo的儿童T恤衫，总部指定笔记本（五本一组）的样品和订购单。订购单上已经有五人订购T恤衫、四人订购笔记本的记录。不知道大家是不是说好了一起买，订购单上全都是小学五年级男生的名字。

不仅将这些在考试地狱中喘不过气的孩子们引诱过来，甚至还就地做起了商品买卖——到底是怎样的人物，做起了这样一套产业链呢？

但是，比起这个，更引起我注意的是旁边贴着的T恤衫宣传海报。一张展示着孩子们笑容的彩色相片上写着："互相打招呼吧，我们都是一家人！"

在经济高度增长的破绽逐渐显露，公害、管理型社会那令人窒息的苦闷显现时，商业宣传的高手们找到了用"全人类都是一家人"这样的广告来进行包装。现在看来，这个外包装已经有一些斑驳了，但是这家连锁辅导班的推动者，说不定是一个喜欢用这种形象进行包装的经营者呢。

总之，我们决定先到总部去看看。

圆形组织　"我们公司的经营管理形式是圆形组织……"

这位三十三岁的本部长，一上来就开始说一些难懂的话题。"作为经营中心的经营管理室的周围，设置了 Developer（新辅导班开设推进）、Supervisor（辅导班建设指导）、Controller（教师管理）、Instructor（学生管理）等十四个部门。"之前看到的那个贩卖 T 恤衫的部门是 Academy-producer。这些部门的名字全都是英语词汇。

"我们引入了麦克纳马拉（美国前国防部部长）的情报管理系统。现在正在逐步引入一个将经营管理室上移的圆锥形组织架构。"他的话我越来越听不懂了。

我偷偷往其中一个部门的房间里看去（房间上挂着"Developer"的牌子），墙壁上到处贴着"全力作战""全公司一起 rainbow""今日的工作绝不拖到明天"之类的话。其中最大的一张纸上写着"本月的目标是××教室"的字样。

我们是来做关于教育的采访的，却感觉误入歧途，来到了一家热血公司。空气中回荡着浅薄的经营学理念，显得格外奇妙，我感觉有些轻微的头晕。

不见终点的繁荣之梦

道德 本部长这样说道："我们在各地办的辅导班，可不只是让学生学习知识的，我们也教学生修养道德。六至八月我们会举办问候运动，提倡要让同学从'早上好'说到'晚安'，让他们以明亮纯真之心互相问候。"

如此说来，本部长以下的一百多人，每个人胸前都戴着一枚徽章，上面写着："扩大问候范围！"对孩子们宣扬"早上好""午安"就真的可以教会他们道德上的东西吗？他们似乎并不在乎这一点。举办这场运动明显是一种营销手段。他们下达给旗下辅导班经营者们的文件上这样写道：

> ……高层就有效增加学生人数的办法进行了锐意讨论，此次考虑到教育的视野，将以"扩大问候范围"为口号，开展鼓励学生进行问候的活动。此次活动的目的是提高 X 公司的品牌形象，以使本公司品牌获得更多民众的信赖，达到增加学生人数的效果。

而与这个文件一同下发给辅导班经营者们的，则是一封《推进活动的商品导览书》。

欲望产业 "本公司将全面展开鼓励学生进行问候的活动，作为此次活动的一部分，特推出印有可爱的乌龟标记的 T 恤衫，以低于市场价的价格面向辅导班学生和一般民众进行发售。胸前佩戴'扩大问候范围'的口号，以乌龟标记为指示物，互相进行问候。辅导班学生全员穿戴，则可达到'扩大问候范围'的效果。"

尽管这些人喊着"在家庭设立校外教育场所，促进教育机会均等""发展重视人性的教育"这样的口号，以及高举"我们都是一家人"的标语，我却感受到了一层铠甲的存在。

我细细聆听了差不多六个小时的经营哲学，本部长甚至说了这样的话：

"教育这东西，跟金钱一样，都是欲望，好比有了十块钱就想要十五块钱，就算在学校里的学习得到了保证，也会瞒着别人去上辅导班。也就是说，教育是欲望的产业，'Want industry'呀。所以，像'不只教育知识，还会教育心灵'这种话，随便说说也是会流行起来的。就像医生靠的不是医德，而是靠算术一样，教育也可以说是靠算术吧。T恤衫？是呀，因为没什么利润，比大荣①卖得还便宜。我一直在想，我到底能给孩子们什么呢？原来，是爱呀，对吧？"

"对吧？"他专门强调了一下，但我的头脑里一片混乱。

裸像 一九五六年，爱知县作为全国人才开发政策的先锋，率先在全县实行两大学区制②，闻名全国。名门学校的"好学生"群聚而来，不同高中之间水平相差巨大。虽然在一九七三年的时候导入了复合学校群制度，入学考试地狱和考试体制的激烈程度

---

① 大荣，DAIEI，二十世纪七十年代在日本非常流行的一家零售公司，经营多家大型连锁综合超市。
② 在高中入学考试时，将爱知县内分为"尾张"和"三河"两个大学区，对学生进行复合型选拔的考试制度。

却未有任何改变。以升学为目的的辅导班越来越多，甚至听说有些辅导班入班考试的标准都极为严苛。

有位老师这样说道：

"X公司突破的就是这一点。'没有入班考试，谁都能来'，'十人以下授课，老师细心关照每位同学'，这样的宣传语让父母们的担心一扫而空，甚至还涉及什么'育人教育'。它把现在学校教育里所欠缺的东西全部打包，不管是谁，只要花钱就可以轻易得到，像是在搞特卖活动的超市一样。X辅导班就像照出了公共教育裸像的镜子一样。"

今后二十个月，将旗下的学习辅导班增至四千五百家，做一番大事业——年轻的本部长发出了这样的号令。在大量生产、大量贩卖的经济理性之下，教育或许已经变成了可以随意买卖的廉价货。构筑外表繁荣的时代之梦，将目标从钢铁和汽车上转移出来，这次又赌在了孩子身上。无论是把教育变成商品的一方，还是完全接受的一方，都对这种买卖背后的黑暗空洞毫无觉察。若真如此，那我们所生活的社会，病已久矣。

在结束这次取材后过了一段时间，我们得到了一份X公司的内部文件。文件介绍了包括我们在内的几家新闻机构对该公司进行采访之后，向公司员工们发出的呼吁：

> 本公司正在引起媒体的兴趣，时机已经成熟了，让我们以此为契机，一起来扩大行业占有率，一起来创造发展的原动力吧！

一 荣光进行曲 一

熙攘的精英集团

优秀儿童之母　休息日的一天，在东京国营铁路代代木车站附近的某个讲堂里，A升学辅导班正在举办"优秀儿童父母会"。我穿过吵吵嚷嚷的办理入场手续的人群，悄悄入场坐下。到上午九点开始的时候，连二楼都挤满了人。人群里，有九成左右的人都是三十岁上下的母亲。

首先是八十七岁的创立者进行了一场强调优秀儿童教育重要性的演讲，接着来了一位算术老师。他的演讲题目是"高效学习法"。大概这场演说便是各位母亲此行的目的，她们纷纷从包里拿出笔记本来。这幅光景，让我好像置身于女子大学的教室。

"有的孩子能够在五分钟之内解出高考习题集里标了'较难'的题目。也有孩子只能死记硬背中考习题集里的问题答案……"每当老师举出具体的例子时，会场里便激起一阵无言的骚动。

"那么，各位妈妈，你们能做出这道题吗？有人可以心算出来吗？"老师一边问，一边在黑板上写下了"38×56＋38×18＋19×52"。大约一分钟之后，场内便传来了女性的尖声回答："3800！"

"没错。这道题如果要一步一步用乘法计算，那肯定是不行的。如果发现19是38的一半，那么52的一半，也就是26，与56和18相加正好是100，再与38相乘便得出结果。在这里，我们想要孩子们掌握的，就是这种高效的方法。"

另一位老师甚至做了更为细致的指导："可以让孩子看看NHK的七点新闻。但是要注意，一定要把地图册放在手边，让孩子把新闻里出现的地名一一标注出来。"母亲们一边听一边奋笔疾书做记录。

里程碑 A升学辅导班，和另外一家B升学辅导班齐名，被东京的母亲们看作"通往成功之路的里程碑"的最大升学辅导班。在辅导班发布的一九七五年国立、私立合格生一览表上，考入东京教育大学附属驹场中学、麻布中学、开成中学等培养了众多东大升学后备军的名门学校学生，大部分都是A、B两家辅导班的毕业生，有些甚至两家辅导班都参加了。

据B升学辅导班说，从一九七〇年开始，报名人数大幅上升，去年前来参加考试的人数甚至达到了一万九千人。"没办法，只好刷掉了四千人。很多孩子都在排队。"去年辅导班向税务局提交了大约两亿日元的收入申报单。老板的个人所得也猛增到了两千六百万日元。两家辅导班的主要客人是极少数的精英少男少女们。一手打造了A辅导班的创立者的大女儿（五十一岁）这样说道：

"如今的日本社会，肯定不希望有人来颠覆体制吧？这家辅导班正是在努力打造能够维护现行社会体制的主导层、社会精英群体。与之前不同，现在，聚集在这里的孩子，和没能来到这里的那些落后了的孩子之间，拉开了明显的差距。每个人的能力本就各有不同，各有各的生存方法，但是大家却都只朝着顶层集团的那个方向，因此才有如此激烈的竞争，社会才会变得混乱起来吧。"

盗汗 深夜，我们结束了采访，坐上出租车。那是一辆个人经营的出租车。我们在车上谈论着精英学生的升学辅导班有多繁荣，一直默默听我们谈话的出租车司机跟我们攀谈起来。司机师傅四十四五岁的样子。

"我家里也有一个上初一的儿子，现在搞得可紧张了。周一、三、五在我家附近的辅导班考试，双休日去新宿的升学辅导班考试，算上吃便饭的钱和乘车费，每个月都要花上两万四五千日元，是他自己说要去的，所以就让他去了。最近他竟然开始盗汗了，可真让我担心……"

某日晚上十一点左右，我们找到了那位司机师傅的家，那是一栋位于东京下町的小而整洁的商品房。在二楼四张半榻榻米大小的房间里，一名初一的孩子正伏案学习，他读小学二年级的妹妹已经睡了，父亲傍晚出门工作，母亲也从晚上八点多开始在咖啡馆里当收银员，只有孩子们独自在家。这位少年曾在小学六年级的时候到A升学辅导班学习，当时，他想要考上某所私立中学，最终以失败告终。

"我很想当医生，因为可以多赚钱，能让爸爸妈妈轻松一点。"十三岁的少年这样说道。大概是父母辛劳的身影，给了少年想要获得成功的动力吧。

在半夜回去的路上，我不断回想着这条将孩子们的生活搞得天翻地覆的"通往成功之路"，心中很痛。

沿着父亲的轨道奔驰

医师之家　B升学辅导班会聚了全东京的精英小学生，这家辅导班每年都会汇集毕业生和父母们的手记，将其命名为《通往成功之路》并发行。这是一本举家攀跃龙门的"合格体验记"。我们决定采访一下考上了东京都有名私立高中的A同学。因为我们看到了他在父亲的总指挥下，有条不紊地奔驰在"通往成功之路"上的样子。在东京的北部，有一处由小型街道工厂和民居组成的下町商业街。从这条街走进一条小巷子，会看到一个写着"××妇产科"的看板。这里就是A同学的家。

"A在五年级的时候就完全掌握了六年级的课程，而且还在厕所的墙壁上贴汉字表呀，历史年表呀，地图之类的，以便'记忆'。睡觉的时候也会在被窝里听他录好的理科和社会课上的重点内容。他的初中不考时事政治，所以他也不看电视，现在就只看新闻……"

这些平时闻所未闻的严苛做法让我一下子就震惊了，然而这却只是个开始而已。A的家长从孩子幼儿时期便制订并推行了精准的计划。

首先，第一阶段是在上小学前培养耐力。比如，一个玩具要尽可能用得久，直到玩腻了再换。从四岁开始，A的父亲便坐在自行车后座上教孩子骑车，上小学的时候，孩子能够骑完三十二千米。

"小学一开始便领先别人，别人追不上来，你就可以一直往前跑。小时候能够引人瞩目的，就是写字和画画。"因此，这位父亲就让孩子从小练字，学习画画。

第二阶段是入学以后。这位父亲让孩子用尺子在草纸上画线，画出两厘米的四方格。父亲在第一行写上平假名的范本，让孩子每天练习两张。"这是为了培养孩子的耐力和秉性，也能练字。如果能有一门本事让别人都说'那孩子可真行'，孩子也会努力想要维持这个形象。"

第三阶段主要学习算术。"一年级就学习相当于五年级水平的简单的排列组合和数列，二年级学习鸡兔同笼问题，三年级学习代数方程式。这些都是由我来教的。"从三年级到五年级，周一、三、五的时候，A的母亲负责带孩子去辅导班，周二、四、六则是在小学任职的老师来当家教，周日则去升学辅导班。

正式考试　到了要参加正式考试的六年级，A则辞去补习班和家庭教师，主要由父亲指导，在家学习。例如，做完麻布中学①过去九年和滩中学②六年全部的入学考试试卷，利用暑假时间，每天花费十二个小时，把像电话通讯录那么厚的全国有名私立中学入学考试试卷集一页不剩全部做完。同时，周日还要到A、B升学辅导班参加考试。

这个孩子在A升学辅导班难度最高的考试中得了两次满分三

① 位于日本东京都港区的初高中一贯制私立男子中学，是东京都内排名前三的男子中学。该学校的名牌大学升学率较高，且高中部只面向本校初中部进行招生，因此参加此校初中升学考试的人很多。
② 位于日本兵库县神户市的初高中一贯制私立男子中学，被称作"日本最强的升学学校"，每年向东京大学、京都大学等日本顶尖高校输送数百名学生。

百分，在被称作"他流考试"①的C研讨班的公开考试中获得第一、第二名，终于迎来了正式的考试。

"孩子的父亲负责学习，我的任务则是管理孩子的健康。A升学辅导班每三个月会进行一次重组，为了能够进入好会场的分组，我前一天傍晚就要去排队。班上前两名的孩子都会来，要在这样的环境里跳出来，家长和孩子都得付出相应的心血……"母亲突然插话进来。

两个孩子在升学辅导班获得的成绩优异奖状，左右各八张依次排开，贴在客厅的墙壁上。

"哎呀，贴不下啦，其他的都收起来了。我激励他们说：'爸爸小学的时候拿了五十三张奖状。'这两个人就各自拿了七十多张奖状回来……哎呀，我家的孩子是与众不同的，下町这一带的孩子们总不大行呀……"这位父亲笑着说。

好朋友　班上有"过于优秀的孩子"，小学老师们上课的时候会不会难度很大？

几天后，我们来到了距离A同学家步行十分钟左右路程的区立小学。负责五、六年级教学的女老师（三十五岁）这样说道：

"从来没觉得上课难度很大。A同学知道学校教的五年级课程是到这里，六年级则是那个范围。他知道自己应该在学校里怎么表现，或者说，他早就明白这是怎样一回事儿了吧。"

A同学的大部分朋友都升学到了区立初中，我们也拜访了这里。课间，他的一位同班同学从教室里跑了出来。"嗯，他在学

---

① 指与接受不同培训的学生一起，参加更适合对方学习内容的考试，目的是从中获得刺激与激励，同时查漏补缺。

校也玩的，但是一回到家就关在家里不出门了。周日也是去周日补习班之类的地方吧？他的好朋友？应该是X同学吧。"

我们找到X同学向他询问，他却说："比起我，他应该跟Y同学关系更好吧……"我们问了Y同学，他却说："比起我，他更经常跟Z同学一起玩哟。"但是，这位Z同学也只是用了尾音上扬的语调反复说道："并没有呀。"

中学难题也能顺利解决

"不会再来" 六年级末，一个周日的早上，我们来到东京国电车站附近的一家B升学辅导班。"国立一组"的房间里，大约有六十名小学六年级的男孩女孩们正在上课。

这家辅导班按照成绩顺序将孩子们分组，"国立一组"里也包括想要考取私立中学的孩子们。

B升学辅导班的题目：

① $\left\{\left(1\frac{3}{5} - \frac{3}{4}\right) \div 2.5 + 1\frac{13}{20} \times 0.8\right\} - \left(1\frac{3}{5} \div 3\frac{1}{3}\right) =$

②用小数表示1/7时，位列第90位的数字是 ⬚ ，请在 ⬚ 内填写合适的数字。

③右图的三角形ABC是AB、AC等长的等腰三角形。请据此回答问题。标有同样标示的角大小一致。求角A的大小。

④某校学生共685人，某日，因几位同学未到学校，方阵最内侧的人数恰好可以组成120人的中空方阵。请问，中空方阵里共有几列？当日未到学校的有几人？请注意，未到校人数不足10人。

第④题答案

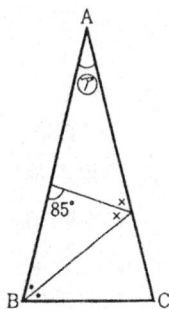

第③题的图

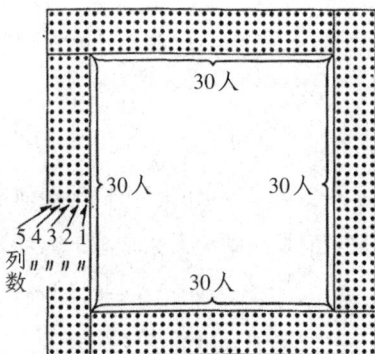

列	总计	
1	120	
2	128	248
3	136	384
4	144	528
5	152	680

685-680=5（人）

5列

答案是5列5人

这个班会聚了最优秀的孩子们。每一个周日，他们都会从早上八点起，耗费一小时三十六分钟，连续进行四门考试（算术、国语、社会、理科），我们到辅导班的时候，他们的考试刚刚结束。到中午之前的这段时间里，他们根据今天的考试题目，接受老师的指导。

在教室后面，大概有十位家长也正在做笔记。黑板左侧，用粉笔写着"今天只有一次，不会再重来——莫泊桑"的字样。

这天的算术考试，一共有十四道与上文所示类似的问题，考试时间三十分钟。A老师用最快的速度进行讲解。比如，他这样讲解第④题：

> 首先，最内侧一共有120人，因此从内侧往外数第二列
> 应该是128人吧，那么这就有248人了。第三列再加8人就是
> 136人，加上248人就是384人。第四列……

老师一边迅速在黑板上写着数字，一边通过无线话筒快速进行解释。

"这样就明白了吧，答案是5列5人。这题不难吧？好了，都有谁做对了？"

大部分孩子都举手了，而这也就过去两分钟。

惨淡的成绩　虽说这家升学辅导班里的孩子们都提前拿到了预习题集，进行了充分学习，但是从举手人数来看，大部分孩子都会做这十四道题。

那么，如果是由没有上过这家辅导班的孩子们来做，又会是什么结果呢？我们找来自己的孩子、记者同事们的孩子，还请来了做小学老师的熟人的学生们，对他们进行了一次迷你模拟考试。

考生们是来自公立小学六年级的八位同学、公立初中一年级的三位同学和公立高中一年级的一位同学。小学生们都是班级中上等水平，最高得分是三十三分，另有三人得了零分。初中生中有一人是班级第一名，也只得了六十七分，另外两个初中生得了五分。高一的少年虽说是公立中学的年级第一，但只做到第十一题，考试时间就用尽了。

成绩很惨淡，后来，一位公立小学的老师安慰我们说："如

果三十分钟就能做出来，恐怕那才是不正常的。"我们的心情稍微平静了一些。

但是，数学教育专家们又是怎样看待B升学辅导班搞的这些特训呢？我们把试题和上课的录音拿给专家请他们进行评判。

"数学教育最重要的地方，不是教给学生们最快最高效的解题方法，而是引导孩子们发现各种各样能够解决问题的可能性，让孩子们能够亲身体会到这个过程中的快乐和发现答案时的感动。正是这样，才能培养出数学的思维方式。曾经有个中学生问我：'根号二和根号三都是无限小数，那不就没法相乘了吗？'这对于从原理上理解数学的孩子来说是一定会发现的问题，但是对于那些只能死记硬背解题方法的孩子来说，他们是提不出这样的问题的。升学辅导班里教的这些方法，笼统来说的话，其实跟学习数学的基础完全不相干吧。"

兼职 那么，在升学辅导班教书的老师们又是怎样想的呢？A老师是东京都内某所公立初中的教师。放学后，我们看到他正好开完教师会议，在走廊里走着，便上去跟他搭话。这位老师没有看向我，而是小声说"请跟我来"，并迅速走进了校医室。大概他不想被后面的老师们知道有记者来采访的事情吧。

"现在的学校教育呀，重点放在了给后进生补课上，这样一来，好学生反倒被忽视了"，"初中入学考试会出一些如果不上补习班就不会做的题目"，"B升学辅导班出的题，对于只在学校里学课本的孩子来说是做不来的"，"如果觉得考试战争过于激烈了，那最好选择别的道路"……我的耳边还回响着这些话。

A老师已经在升学辅导班教了十多年，他虽已到了可以参加教导主任升职考试的年龄，但是他说自己并无此意，也许编辑试题集和给升学辅导班出题目之类的兼职收入相当丰厚吧。对此，我们非常唐突地进行了询问。我们从老师含糊的回答中推测，这个数字，在普通人看来数额也相当惊人。

"钱的事情很麻烦，在这里教书的事情也是瞒着别人的，如果被写出来了我就麻烦了。"

这位老师再三重复着这句话，便匆匆地离开了。

全家综合实力的竞争

男人的宝石　H同学通过参加会集了想要考取东京知名初中的小学生的A、B两家升学辅导班，今年春天刚刚考取了东京教育大学附属驹场中学①。我们拜访了H同学的家。我们是因为得知他的成绩是升学辅导班中最好的，才专门选了他，但没想到，他父亲竟然在大型报社工作，这让我们有些尴尬。H家兄弟两人——他和哥哥都是通过同一个方法考上驹场中学的。

H同学同时上了A、B两家辅导班，所以有两年时间，他都在母亲的陪同下，每周日一边大口吃着热狗，一边乘坐电车穿梭在A、B辅导班之间。六年级的暑假有四十五天，他每天都在A、B两家的整期学习班中度过。他本人自不必说，连他母亲也完全没看过电视。他父亲则是选买参考书，为他制订学习计划表。因

---

① 东京教育大学于一九七八年更名为筑波大学，因此东京教育大学附属驹场中学即现在的筑波大学附属驹场中学。该中学是初高中一贯制的国立男子中学，也是东京都最好的学校之一。

为驹场中学规定了上学路程时长，去年夏天，他们买了一栋成品住宅，从三多摩①搬到东京都内。

"这样搞的孩子和不这样搞的孩子，肯定是有差距的呀。首先，一边设立特殊班级②，一边却对有才能的孩子不管不问，学校这样做是很不公平的……但如果是驹场的话，只要能跟得上，基本上能考上东大吧，所以就让他去了……

"虽然还没决定孩子东大毕业后要干什么，但是只要能从东大毕业，就一定能拥有相当高的社会地位，这也是事实呀。这就和把各式各样的宝石都放在女人面前，虽说哪个都喜欢，但她们肯定会选择钻石是一样的。如果不用花太多钱就可以得到好东西，那大家自然而然都想去呀。"

这位母亲这样说道。

教育经历　从升学辅导班成功升入名牌初中的孩子们，之后会走上怎样的人生之路呢？这个春天，我们追溯了入职中央官厅和在大型企业就职的年轻人的教育经历。

一年后将在驻外使馆工作的一年级外交官D先生的教育经历是私立小学、驹场初中、高中和东大法学专业。他外表俊朗，姿态端庄，举手投足之间都散发着东京山手地区的优雅气质。他的父亲曾担任国营企业管理者，后调职到政府附属机关；他的哥哥也和他一样，曾在升学辅导班学习，后来考入东大，现在也在国营企业上班。

---

① 又称多摩地区，指日本东京都除了东京二十三区以及岛屿地区之外的区域。

② 指在义务教育阶段，学校针对认知能力等方面有障碍的孩子专门设立的班级。

"十年前那会儿，考上驹场中学的九十个人里，大约七十个人都上了同一家升学辅导班，大伙互相都是脸熟的，而且学习环境都很好，我自己也是。小学的时候，我妈妈就经常管我学习。我感觉自己考上东大也是理所当然的事情。"

E先生上了麻布中学的初中和高中，随后考入东大经济学部，现在在大型商社就职。"我升入初中之后经常玩，大学的时候也是专心于戏剧。我不想跟学术离得太远，但是也不想继续待在大学研究室里……所以，就以能够继续从事经济动向调查研究为前提，来到了这家公司。我们东大毕业的是免试入职的。"

F先生也毕业于东大。他以第一名的成绩进入一家航空公司，还在公司欢迎仪式上作为代表进行宣誓。他的父亲是一名教师。"小学是跨区上的，周日就去爸爸推荐的升学辅导班学习。我感觉自己没怎么跟家附近的小孩子一起玩过，好像失去了什么很重要的东西。要是我有孩子的话，我会给孩子另选一条路吧。"

最完美的新郎　G先生通过了国家公务员最高级考试和司法考试，但是最终选择到大藏省①上班。他上了东京学艺大学附属小学、初中和高中，随后考入东大法学专业。他的父亲是一名从巡查员②奋斗到警视厅的警部补。

"我母亲可能就是人们所说的教育妈妈吧。我还在读幼儿园的时候她就让我去参加IQ测试之类的，还经常对我说：'如果可以的话，最好去上东大哟。'我自己也觉得就应该上东大。"

---

① 日本中央政府的财政机关，主管日本财政、金融和税收等业务。二〇〇一年改制为财务省和金融厅。
② 日本警察的最低级别。通过日本各都道府县的警察考试之后即可获得此级别。

G先生的母亲毕业于旧制女子高等学校①，是一位非常适合和服的女性。

"我非常严格地管教他，也十分注意万事都要与孩子好好商讨。孩子曾经犹豫过到底是去做律师还是去大藏省工作，我觉得他不是那种张扬的性格，更适合去政府部门上班。"

作为独生子的G先生，小时候竟没有与附近小孩一起玩耍的经历。"他经常自己对着墙壁玩球"——我对这句话印象深刻。母亲的下一个目标是替他找到结婚对象：

"已经到了最高级的机关工作，那接下来就是要找到最好的媳妇啦，我是这样跟他说的。"

在采访精英阶层群像的过程中，我们从中感受到了这群人的共通之处。那就是，他们的父母都极为重视孩子将来的社会地位，他们的父母在某种程度上都具备可以给孩子提供指导的能力或知识背景，以及这些父母都有一定的经济实力。也就是说，一个家庭的"综合实力"在背后起到了至关重要的作用吧——我们是这样认为的。

---

① 二战前日本面向女性的中等教育机构，女孩一般在小学毕业后入学，学制为四至五年。此类学校的主要目的是将女孩培养成贤妻良母，以便能够精心照顾丈夫和孩子，为日本的军国主义提供良好的后勤保障。战败后，日本进行教育改革，逐步废除这种教育理念，女性才得以在形式上获得与男性同样的受教育权利。

与死亡并列的竞争原理

葬礼　仿佛是舞台灯光逐渐聚焦一样，梅雨季的天空从淡淡的乳白色变成了暗灰色。六月末的一天，闷热且酷暑难耐。

一提到东京文京区小石川，人们的印象就是民宅间隔着小型印刷工厂或者制书工厂，单调的机器声回荡在门外，这是平民百姓的活动区域。沿着狭窄的道路转个弯，有一小群身着丧服的人们。

大概两米长的小路对面，有一座老旧的木制长屋。住在其中一间屋里的一对做衣服的夫妇，他们的独生子少年O（十六岁）在前一天早上跳楼自杀了。少年O从区立小学升入了初高中一贯制的东京教育大学附属驹场中学初中部，在去年四月又直升了同校高中部，却不知为何主动退了学，在今年春天再次入学了私立高中。

有大概二十名身着校服的高中生正在等着上香，他们是少年O转学后交的朋友。还有四五十个身穿私服的少年也来了，其中还有嘻哈风的长发少年。他们是亡者在驹场时代的朋友们。随后，少年O出殡了。葬礼车开走后，一位像是亲属的中年人过来跟大家打招呼：

"O选择了让人震惊的死亡方式，我们不知道原因。他是不是背负着个人和社会层面的矛盾，找不到解决方法呢？我认为这是一个很大的社会问题，但是今天学校的各位同学能够专程到来，已经去世的他一定会大为震惊吧……"

违和感　少年O一家人曾经住在东京江东区。搬到小石川来之后，O也是跨区上学。当时的校长这样说道：

"他是个开朗而爽快的孩子，有着能在班上当领导的性格。他体格好，运动会上接力跑的时候跑得像风一样快，我印象很深刻。我在报纸上看到他的名字，也不敢相信真的是他。"

六年级的时候，他去上了会聚着立志考入名牌中学的孩子们的A升学辅导班，还请了家庭教师。

"想要上驹场中学的话，普通小学里学的知识是不够的。大家都是拼命学习才能考进去，所以竞争意识很强。但是，小学里第一名的孩子，在这儿就显得很普通。O算是聪明绝顶的，但在初中里也就是一百二十人中五十名左右的水平，他肯定很焦虑吧。"老师们这样说。

但是，令他颇为烦恼的，似乎不只是成绩的问题。

这所高中与神户的滩高中竞争东大升学人数第一名的宝座。一百六十人里有应届生九十六人和复读生二十七人，一所学校的合格人数竟是全国数十所高中合格人数的总和。

"不仅仅是学生，家长们也大都从初中开始就一心想着孩子要上东大吧。"

"他曾经透露过，看到所有人都是一心想要考东大，觉得这很不好。反过来说，正是因为他也是一直被逼着要考东大，所以才会那么在意朋友们的态度吧。"

"初一的时候他进了足球部，但是很快就退出了。后来他好像会跟他小学时代的朋友们一起踢球，可能对他来说，跟他们一起踢球的话，心情更轻松一些吧。"

"驹场的家长们大部分都是大学毕业生，但他父母只是高中毕业，还是做衣服的，他父亲曾说过'孩子感觉自己低人一等'。"

老师们这样说道。

再加上扭曲的反抗意识，在父母于大企业经营管理层任职的上层家庭出身的孩子和生活在下町小作坊里的孩子之间，他也许体会到了一种违和感。

《爱与诚》 升入高中后不久，他就着手为大学入学考试备考，就在这个时候，他开始经常请假，去医院的精神科接受治疗。他说想要退学、转学。

他的自杀现场，留有一封遗书，他用学校提交报告的专用纸写了整整两张，大约一千五百字：

> ……虽然我非常非常讨厌平凡，但是我注定无法成为一个非凡的人。我太不甘心了，只能一死了之，但这似乎也不是正确的决定……我虽然知道这个道理，但还是选择死亡，我真是个蠢笨的男人……

他对父母写道："请快点忘了我吧，请平凡地，务必要平凡地死去。"

从升学辅导班开始的"荣光竞赛"，那激烈的竞争一刻不停地驱动着少年们的心灵。想要从中逃离，是不是只有潜入死亡这一种方法了呢？在遗书的最后，少年写下了这样的玩笑话，让人悲哀不已：

……就此永别。让我遗憾的是,《爱与诚》^①我只读到了第七卷。

---

① 当时连载于《周刊少年杂志》上的恋爱漫画,原作者是梶原一骑。在漫画中,早乙女爱幼时曾被太贺诚相救,多年后两人再次相遇时,太贺诚已变成不良少年。爱愿意为诚奉献生命,诚则不断引起麻烦,让爱颇受苦难。尽管如此,爱依然深爱着诚,两人之间展开了爱与恨的纠葛。

— "辅导班"的思想 —

镇上的野战医院

粗俗 大杉春三四十一岁，在城里开了一家小型学习班，到今年已经是第十七个年头了。与多如香烟店的、近两年快餐式辅导班的经营者不同，他一心专注于这条道路，为之付出心血。他是鸟取县人。

当大杉从东京教育大学毕业，开始进行教育实习的时候，他也是一心想要做学校老师的。实习的时候发生了一件事。大杉与生俱来的敞亮性格、豪放的说话语气和他与众不同的讲课方式，让他很快就与孩子们熟识起来。在实习结束的汇报会上，他在所有正式老师面前上了一堂公开课。像平时一样，"觉得应该选这个的家伙们把手举起来""你这个傻瓜""你这小子，连这个也不会吗"……大杉用这样的口吻和孩子们说说笑笑地上课。

但是，这种豪放的授课方式没有被认可。正职老师们对他展开了猛烈批评，教导主任甚至说"你就不配当老师"。就在那个时候，大杉决定："行吧，我才不要当什么学校老师呢！"随后走上了经营辅导班的道路。

东京练马区是个处处还能见到农田的地方。穿过一条民宅、商店、澡堂子混杂在一起的道路，进入一条小道，大杉辅导班就在这里。

从小学四年级到初中三年级，除了小学四年级是一个班之外，其他年级都是两个班，每个班级定员二十四人。这家辅导班共有二百六十余名学生。小学生的科目是算术和国语，中学生是数学和英语。每天的上课时长为一小时二十分钟，每周三天上课。辅导班的教室大约十坪①，摆着五列课桌。教室后墙上挂着写有"那个家伙也是人类，你也是人类，我也是人类""来时的我，归时的我"之类字眼的匾额。

多余　这家辅导班与那些以国立、私立名校中学为目标，在升学辅导班中接受特训的精英孩子们无缘。也许是这个缘故，这里聚集了学校里"多余"的孩子们，他们学习不好，被老师和朋友们当成傻瓜。住在附近的鱼店老板家的长子A同学（初中三年级）在一年前刚开始到这儿学习的时候，认为自己就是个"没救的孩子"，特别讨厌数学。

大杉立刻开始用DIG式诊断法为A同学做了病情诊断。所谓"DIG"，即"挖起来"之意，让孩子按照从难到易的顺序做数学题，看看孩子到底哪里出了问题。A同学之所以觉得自己是个"没救的孩子"，是因为方程式。小学生就应该掌握的"分数与除法"，初中的"等式的性质"等，这些解方程式的基本知识他都没有掌握。大杉老师针对这个病根，集中力量进行攻克。

有一天，大杉老师从学生那里听来一个让他震惊的新闻："老师，可不得了！A考了七十五分！"A同学彻底开朗起来，变

---

① 日本计量土地的单位，1坪约为3.3平方米。

成了辅导班的小明星，因为他之前从没得过三十分以上。这件事被大家知道后，引起了一番热烈讨论。从那以后，A同学重新站了起来。现在，他在班上名列前茅。

又有一个孩子能够向前迈进一步了呀，大杉老师这样想着，在大家面前说："喂，你差不多不用再来上辅导班咯！"A同学却吓了一跳，说道："老师，可别乱说呀，我可是迷上你了哟！"

"是吗，我也迷上你了哟，"老师回答道。"那你们还不结婚吗？"一个女孩子说道。

友情　通常情况下，精英孩子们不会在学校里说起自己在上辅导班的事情。

"要是别人也学会了，就拉不开差距了。"甚至有孩子直白地说出了自己的想法。但是，大杉辅导班的孩子们却与其相反。

出于教室大小的原因，以及每个孩子都要指导到最后，大杉辅导班严守着定员名额，但是有一天，在定员名额已满的初中三年级的一个班级上，学生们带来了一副新面孔。"老师，这个女孩子，请无论如何也要让她来！老师你的理想不就是要让学不会的孩子们从这家世界上消失吗？"此时，老师非常苦恼。

"多余人"对于"多余人"倾注了热烈的友情。这样的情节频频在这家辅导班里上演。大杉认为，辅导班不是只用来学习的：

"我那个时候，公共教育是没有限制的，想交朋友也很容易。但是，如果只招这些学不会的孩子，我们这就会被说成是家伤痕累累的辅导班，而且在学校里饱受痛苦的孩子们也会源源不断地进来。"

在用分数对人进行分类的无情战场上，这些孩子浑身是伤地倒了下来。而镇上的这家辅导班，用温厚的双手抚慰着这些孩子。这里已不再适合"私人辅导班"这一称呼，已经成为一种公共的存在。

有一天，又有一位"负伤者"被拖了进来。

原野上的火焰

迟顿的孩子　川野久美（十一岁）是在去年四月来到豪放的大杉老师的辅导班的，那时候她五年级。久美的妈妈（四十一岁）说，久美还是个小婴儿的时候，就显得有些"迟顿"，两岁半后才学会走路。稍微长大一点后也不想到外面去玩，一直在公司宿舍里缠着妈妈不肯离开。也许是因为幼儿时期的迟顿，上了小学高年级之后，久美在学习上也越来越吃力。五年级的时候还不会减法和乘法，学校告知书上从没有出现过"很棒"的字样。

"那孩子，刚来的时候很不好教的。考试作弊，还撒谎，智力水平低。别的孩子把纸片撒在她的头上或者把脏东西粘在她的背上，她也只会傻呵呵地笑。在学校里，她算是最好欺负的对象吧。对我来说也是，这样的孩子站在面前，我就更想好好照顾了。"大杉老师这样说道。

虽然已经成功教会了几个觉得自己不会做算术、是个弱者的孩子，大杉老师在久美身上花了更多的时间。去年二月的某一天，大杉终于找到了久美的"病根"。他不断进行DIG式诊断法，终于明白问题出在减法以及七和八的乘法上。

"你明白啦！原因找到啦！"大杉老师这样跟久美说着，一直都很安静的久美拍起了手，周围的孩子们也爆发出了惊人的欢呼声。"找到啦!""找到了呀!"

伙伴 久美终于在辅导班里重新站了起来，却又在学校里遭受了打击。

今年一月的一天，久美抱着朋友给她的信件箱，脸色煞白地回到了家。母亲打开箱子，里面有二三十张从笔记本上撕下来的纸，纸上写着"来自全班女孩"，仔细一读，上面的内容让人后背发冷。从笔迹上来看，应该是六七个人写的。

"久美来我们组里的话，全组就会做不好"，"你难道不是低能吗"，"久美，去死吧"，"胸没长大，你就不会变成成年人哦"，"走到我身边就能闻到臭味"……

久美的母亲去找了班主任。面对这位母亲的哭诉，五十多岁的女老师也只是说："我会保存这些书信。不过话说回来，久美可真能忍呀。"最终，久美的父母找到了写这些信的"犯人"，男孩女孩共六人。

他们是久美所在学习小组的同伴。孩子们说："小组的学习进行得不顺利，虽然不怪久美，但是想发泄一下。"

大杉老师得知这次事件后，查了一下是否有久美的同班同学也在这家辅导班上。最后查到有七人，虽然他们都没有施行这一"罪行"，这种行为却令人生气。

当天开始上课之前，大杉老师把久美叫到讲台前，用手搭在她的肩膀上对同学们说："我们不是要让大家一起变得更好吗？自己没被这样捉弄就好了？不是这样的，如果学校有这种氛围，为什么不去把它打破呢？就算你们都是敌人，我也会是这家伙的伙伴!"

当晚，久美回到家，开心得不断跟母亲说："不管发生什么，老师都是我的伙伴呀！"

"红胡子" "'学习不好的孩子就是不行，不是人'这种想法在孩子之间非常流行。带着这种想法的孩子就算长大了，也会把久美这样的人当作垃圾。孩子们不是自然地长大的，他们像植物一样变成了现在的样子，是有人把他们养大的。就像你说开花的植物很奇怪，这样的话也很奇怪，孩子不想做，你就批评他，这也是没有道理的。是大人们，让孩子变得不喜欢学习、不喜欢学校了。我的工作，就是给酸性过强的学校教育，加一点碱性。"

"老师太没修养了，会把脚放在桌子下面的横杠上，还会躺在地板上""大家一起得意忘形笑的时候，老师就会在金属洗脸台上照着脑袋乱打。不过，声音虽然蛮大的，痛倒是不痛""（辅导班）真的很快乐，嘿嘿，没来上这家辅导班的人都太可怜了，哇哈哈"……孩子们在作文里这样写道。

这位豪放的老师，眼里燃烧着炙热的火焰。他是没有名誉、地位和金钱的普通人的伙伴——"红胡子"医生①——我想到了这个形象。学校里已经不见踪影的火焰，却在一个个与公权力相隔绝的城市辅导班里，慢慢燃烧了起来。

---

① 出自山本周五郎一九五八年的作品《红胡子诊疗谈》，该作品以江户时代的小石川疗养所为舞台，讲述了老医生"红胡子"和他的弟子们救助贫穷患者们的故事。

— 和 X 先生的对话 —

考试战士们的不祥预兆

英才 "给每个男孩子八个，每个女孩子四个。好的，拿出来。不要看别人的，会变成比目鱼哦。"

东京港区安静的住宅区，有一家名叫某某教育研究所的幼儿升学辅导班。十一名五六岁的小孩子生怕没跟上一男一女两位老师的声音，都使出了吃奶的力气。他们正在做一个从箱子里拿出黄颜色的棋子并正确摆放的作业。教室后面，母亲们一脸认真地做着笔记。

"那么，老鼠吃掉了其中的三个，这下还剩几个？大家要把嘴巴闭上哦（不要说话）。"

这样的课程持续了一小时十分钟。"这个课程培养的是对数字的敏感度，其他的还有开发运动机能和忍耐力的体育课。"所长介绍道。从两岁到六岁的大约两百五十名幼儿，除了周日之外，每天都来上课。

"他们都是医生、律师以及大企业管理层的孩子，还有专门从静冈县沼津市乘新干线来的医院主管的孩子。从这里毕业后，大家都会去名校上学。庆应幼儿园、学习院、圣心、御茶水大学附属……"所长竟然报出了二十所学校的名字。

入会费六万日元，后援会费用十万日元。每周五次的套餐是每月谢礼三万日元和空调费一万日元。每周一次的套餐费则是四千五百日元。

在东京，像这样把"开发英才"当作卖点的幼儿升学辅导班的行情相当好。夏季的授课费为一次六千日元，全套套餐的话，十万日元都是少的。从这种单靠授课费就能赚钱的情况来看，母亲们对于孩子升学的执念已经超出了正常的范围。

异样的性 从学龄前就这样被"开发"，一上小学就早早开始接受学习辅导班和升学辅导班的洗礼，到了初高中则在分数竞争中度过日日夜夜。现代的孩子们将来会变成什么样呢？在对幼儿辅导班进行采访取材的过程中，我们得知，一位博士正在讲述着暗示未来的恐怖故事。他的故事与辅导班和升学辅导班的话题稍微有些出入，但我们认为这是在思考现代教育时非常重要的视角，因此前去拜访了这位博士。

他住在东京赤坂住宅街区一栋刚刚完工的高级公寓的二楼。他的门上钉着一块小小的姓名牌。十二张榻榻米大小的房间中间摆着一个毛玻璃屏风，玻璃屏风旁的沙发上罩着橘色毛毯，和柠檬色窗帘一起营造出了柔和的氛围。在这里，这位博士每周会进行一次与性相关的谈话咨询。

来访者中有很多太太，她们的丈夫大部分都毕业于东京大学、一桥大学等一流大学，是担任政府官员、银行职员和研究者等职位的超级精英人士。最近，谈话咨询里有关无法进行性行为的内容越来越多，其中还有结婚后七年从来不想碰妻子的某省高级研究员。

还有一位免试进入东大的青年才俊，因为露阴癖被邻居指控了。他画了一幅令人作呕的淫秽画，画上，拿着鞭子的男人胸部上长着女人的乳房。

博士一边给我们举很多例子一边说道，这样的异常现象与当今残酷的升学体制紧密相连。

乳房眷恋 露阴癖、施虐和受虐癖原本是幼儿性蕾期的行为，东大学生画上长着女人乳房的男人，这暗示了他对母亲乳房的眷恋。也就是说，他表达了想要回到幼儿期，不想成为大人的愿望。这证明了本应在幼儿时期发散掉的幼儿期性能量，一直积攒到了今天。到了青春期，这种未被消耗完的能量冲上了头脑，以这种变态的行为展示了出来。

如今的考试体制，让孩子们在幼儿期不能玩耍，也不能关注性，强制他们成为"妈妈喜欢的孩子"。同时，这样做也是在现实中通向考试胜利的捷径。实际上，孩子们虽然头脑聪明、成绩优异，但他们的性欲却遭到了压抑，养成了永远都无法离开乳房的有缺陷的人格。

"我认为，母亲一味地只关注能否考上名校，没有意识到养育孩子和毁灭人生的可怕之处。如果孩子在小的时候没有尽情玩耍，那是会酿成大错的。"这位博士如此说道。

我们带着从竞争白热化的幼儿辅导班得来的采访信息和这个深刻的警告，拜访了我们的智囊顾问X先生。X先生说："如今在学校里看到的孩子们的状态，也都印证了博士的话。"

稍微远离单杠就不知如何起步跳跃，想要伸出手来抚摸孩子的脑袋，他却带着恐惧的目光立刻躲开。孩子们为什么会变成这样？教育，甚至成了母亲本人的生存方式的问题——我们与X先生做了这样的交谈。

冷酷社会的负片

大脑的构造 "新学期上完第一堂课，我正要朝着走廊走去，三四十个新生上前围住了我问'老师，考试考什么题''需要读什么参考书'之类的，我感觉非常讨厌。他们不会缺课，每堂都会好好来上，但是不知道为什么，最近这种总令人有点儿不舒服的家伙变多了。"

一名在东大教授经济学的老师这样说道。

如果老师介绍了几本参考书，就会有学生一脸认真地询问："您介绍的书，我们需要买几本呢？"老师就回答说："用零花钱能买多少就买多少吧。"我也听到过这样的事情。

"缺乏自主性和创造性，确有其事。但更可怕的是，冷酷的人越来越多了。从大脑生理学角度来说，这充其量也只是一种假设……"东大神经科医生这样说道。

人的大脑里，比如说，有随着备考学习、储备知识而变得发达的大脑皮质，也有管理感情、情绪变化和各种欲求的大脑边缘系统。这两者合作，大脑才能运转起来。但是，从小就不停地考试、考试，完全不在意其他的事情，只把学习放在第一位，像这样长大的孩子，只有大脑皮质单方面发达，阻碍了大脑边缘系统神经细胞集团的发展。于是，快乐、愤怒、悲伤，以及对他人的关怀……对这些情感非常迟钝的人便随之诞生了。

对这一系列晦涩医学用语进行简单说明，大概就是这个意思。"最近，经常有和精英青年结婚的女性来找我咨询，说丈夫冷酷无情。"

甚至有这样的事情发生——据医生说，在升学考试战争最为激烈的东大医学部，现在有大约百分之八的学生被确诊了精神分裂症，需要养病。

电子设备　在升学考试战争中胜利的青年才俊有露阴癖、施虐和受虐癖倾向，性功能不全和性功能退化的病情也正在逐步恶化。同时，这种冷酷的人正在不断被制造出来。现代教育的这种机理，着实令人恐惧。

X先生如此说道：

"比如说，可以去看看那些导入了测试仪器的学校。电视上不是经常有吗，有过出轨经历的人按一号键……噼噼啪啪的，就是那个，上课的时候，电子设备上显示'错误'，孩子就重新按键，老师一看回答率有73%，好的，通过啦……按钮和显示灯把老师与孩子的关系完全抽象化，现在的学校教育就是这副样子。"

老师看到孩子满脸疑惑的表情，走到孩子跟前表示，"啊啊，这个需要重新讲"，于是便从另一个角度再次备课——教育就是这么麻烦，像纳豆的黏液一样粘在一起，错综复杂——我们同意X先生的这个观点。

"遇到各种各样的困难，最终到达彼岸。然后，被自己信赖的老师拍拍肩膀说'好样的'。在这双重的喜悦中能看到人心，让人期待明天的到来。学校应该是这样才对呀。正是这种育人方式，才是只有学校能够提供的。"的确如此。

然而，我们在学习辅导班或者升学辅导班里看到了孩子们热热闹闹的样子，甚至会出现已经无法在学校里找到的那种生动活泼的表情。这是在从未被教育界视作嫡子的地下组织中产生的令人不快的繁荣景象。这到底说明了什么呢？那就是，学校已经从它该有的样子发生了一百八十度大转弯，像是体内产生了不知名的病原菌，变成了正在一天天不停地消瘦下去的负片。

学历发行所 我们看到了那些和孩子们一起如两人三足一样拼命走在升学道路上的母亲们；我们也看到了完美到达目的地，骄傲自豪的母亲们。身为记者的我们，在自己的家庭里，也被卷入这场赛跑中，被努力前行的家人视为毫不分担重担的存在。我们每个人都拼命地跑着，等待我们的却是一个充满了冷酷之人和性功能退化现象频发的未来。到底有谁能够安抚父母们的不甘心呢？

首先，必须把学校从那种不把人当人看的分数地狱中解救出来，不能把学校当作与现实利益直接相连的学历发行所，而要把学校恢复成将孩子培养成人的地方——我们是这样认为的。

但是，即便如此，是否也有必要重新审视那些陪着孩子一起拼命奔跑的父母呢？沉醉于自己的活力，依赖着从群体中获得的安全感，却乘上了一辆不知会开往何方的电车……我们是这样认为的。看到了这么多母亲的身影，我们觉得这个以"教育"为名的采访主题，可以扩展到更多地方去。

— 采访笔记② —

笔记《通往成功之路》

在进行《黑暗地层》的采访时，我们经常聊起关于学习辅导班和升学辅导班的话题。在到处寻找可能适合采访的材料之后，我们发现，这个第二个公共教育的世界已经在孩子们的生活之中深深地、广泛地扎下了根。没有它，便无法谈及当今的教育状况。不用人们费尽心思去寻找，这些信息便已尽情地展现在了我们的眼前，只差我们深入其中展开具体取材了。《荣光地狱》中A、B两家面向初中入学考试的升学辅导班就是其中的好例子。

这两家辅导班，如今被许多东京的母亲们视作通向成功的里程碑。将来，孩子会从名牌高中考入东大这样的名牌大学，然后手握一流名校的学历，步入社会，成为强者。而这两家升学辅导班，就被视为这一切的起点。

我自己并未让孩子去上这两家辅导班，但是回想起来，大概十年前我就听过它们的名字。也许，我孩子同班同学的父母或熟人就知道这家只被一部分阶层的人所知道的升学辅导班，并送自己的孩子去那里读书了吧。他们知道，比起公立中学，更要把孩子送到东京教育大学附属中学、东京学艺大学附属中学、御茶水大学附属中学等国立中学，或者是麻布、开成、庆应、武藏这些有名的私立中学，才能给孩子提供通向成功宝座的捷径。同时，他们也拥有与之相匹配的经济实力。随着经济高度增长，这样的信息也开始被大众所熟知，每年，想要进入辅导班的人数都在增加，到了一九七〇年（昭和四十五年）左右，孩子们大量涌来。升学辅导班所提供的资料也证明了这个事实。"成功"之魅力越发光彩夺目，社会对于精英升学辅导班这种成功企业的需求也越来越高。

B辅导班每年都会收集当年成功考上初中的学生和他们父母的笔记，将其汇编成一本升学考试奋斗记发行出来。我读着这本以"通往成功之路"为题的小册子，眼前浮现出了那些以"成功"为目标，拼命奔跑的孩子的身影。

考上了麻布中学和巢鸭中学的C同学这样写道：

……可以被称得上是当时的学习方法的，就是吃完晚饭到晚上九点之间集中精力学习这个方法。背东西的方法就是看书，然后记笔记，再看书，做题，考察自己有没有记牢，再看书，看笔记，这样一种顺序。到了暑假，就把全国入学考试问题集里面除了国语之外的所有科目都做完。这样做的目的之一是提高自己的水平，但更重要的是确立自信。还有，我也会改变记忆方法。先是集中精力看大概五遍参考书，然后睡前回想自己记住的内容。如果没记住的话，就再看一遍。早上起来，也要再回想一遍昨天记住的东西。如果没有想起来的话，就再读五遍，这样一直持续到十一点左右。国语的话，把文章好好读两三遍，就可以获得九十分以上的成绩，我的成绩突然就稳定下来了。因为我知道，心态非常影响考试成绩。步入一月份，就彻底地把麻布中学近九年来的入学考试试题、巢鸭中学近两年的试题，还有滩中学近六年来的试题都做了个遍。还有四科总复习，我就自己把内容读出来，录到磁带里，睡觉之前或者吃饭的时候听……

考上了荣光学园中学和庆应普通部的 D 同学写道：

……两年里，我的桌子上一直放着每周计划本。这是四年级的正月，我参加第一次会员选拔考试（能够进入 B 升学辅导班的考试）时爸爸给我的。当然，一年之后，爸爸给了我新的计划本，计划本左侧记当天比较重要的事情，右侧记当天需要学习的内容。每周日晚，我会自己或者是跟妈妈一起制订计划……备考学习，大部分都对速度有要求。接下来要学什么、明天要学什么，把这些都变成文字放在眼前，学习速度自然而然地就提升了，一切都会按计划顺利展开……我每天都要学习算术。五年级暑假结束后，我每天至少要做二十道题。除了算术之外，我会从另外三门科目里再选择一两门。所以就变成了周一算术、社会，周二算术、国语，周三算术、理科这样。汉字测试的话是隔一天做一次……

不仅是这两位，每个孩子的笔记里都非常具体地记录了他们所使用的备考学习法。同时，每个孩子都在回顾自己的艰苦奋斗之后总结了自身的"教训"。

例如，考上了东京教育大学附属驹场中学和麻布中学的 E 同

学这样写道:

> ……歌德曾说过,不慌张,不怠惰。我也确实是不慌张、不怠惰,按照自己的节奏在学习……六年级暑假结束了,终于到了冲刺的时候。
>
> 在这个阶段,电视的话只看新闻,别的节目尽量不看。周日回家之后也开始学习。然后,我会根据父亲帮我做的成绩表格,反复复习薄弱环节,努力消灭弱项……到了一月下旬,离考试没有多长时间了,我把在结业式(升学辅导班举办的仪式)上获得的《考试必胜》全部做完,在应用自如的考前演习考试上测试自己的实力。然后把过去五年来麻布中学和驹场中学的试题集以及全国考试问题集从头到尾做一遍,最后才是四科目总复习。
>
> 二月十三日,这天举行了驹场第一次考试……我再次确认考试用品,对着祖母的照片双手合十祈祷之后,七点,父亲说"加油",给我鼓劲。我走出家门,在车上一直不能平静,我已经尽自己所能了,但这毕竟是天下的驹场,千万不可掉以轻心……就这样,我摘得了合格的荣誉之冠。通过这个备考的经历,我真切地感受到了"有志者事竟成"的道理……最后,请允许我向室长先生、××老师等所有耐心清楚地为我讲解问题的老师们,以及亲切指导我的监督员哥哥和负责行政工作的姐姐们说一句:两年来,感谢各位,我的感谢之情满溢,祝愿B升学辅导班能够更加繁荣!

讲述了具体的艰苦备考过程,总结教训,最后向升学辅导班的各位表示谢意，并祝愿企业发展繁荣。这套完美的话语，真不愧是优等生才能说出来的。

文笔之间散发着的家庭氛围，也能让读者想象出他父母的样貌。考上了庆应普通部、武藏中学、立教中学的 F 同学在文中这样写道：

> ……深夜，当我学累了，或者遇到了瓶颈的时候，为了转换心情，同时弥补我的运动不足，我就会把父亲的垫子拿出来练习高尔夫挥球，或者把两个被炉并在一起，在中间立起一个熨烫台，和父亲一起打乒乓球……临近考试的时候，我会读一读漫画书或者练一会儿钢琴来让头脑休息一下，考试前夜，我还和父母三个人一起玩了花牌[①]……备考学习对我而言是个很好的经历，它使我明白了无论何事都要把目标集中到一点上。我的成功离不开自己的努力和坚韧，以及大家的协作与鼓励。

在考入成城学园的 G 子同学的笔记中，与独生女共同经历备考磨难的父亲"为了能让大家更加准确地理解"，追加了三处备注。其中一处如此写道：

> 注三。最后两个月，我们采取了母亲负责国语、父亲负责算术这一分工办法。为了抢占学习的时间，夫妇俩会时不时地吵架。从我家的情况来看，这种分工对于提高学习成绩

---

① 又名花札，一种日本传统的纸牌游戏。

来说非常有效。最后一个月，母亲负责调理孩子的身体状态，而我负责解决孩子考试失利时的心理问题。我决定听从前辈的建议，孩子如果没考上的话就到海外旅行，考上的话就在国内旅行。不管怎样，我认为，身为父母，我们十分有必要思考一下，孩子如果失败的话应该怎么应对处理。

一位母亲的述说

那些将自己的孩子送上了"通往成功之路"的母亲们，是怎么想的呢？正如本书在"全家综合实力的竞争"一节中所介绍的那样，我们请考上了东京教育大学附属驹场中学的 H 同学的母亲讲述了她的体验。他家兄弟两个，哥哥也在驹场中学上学。H 同学同时也考上了麻布中学，但他还是决定放弃那里，走上了与哥哥同样的道路。接下来的内容整理自当时录音磁带中的记录：

　　我家孩子是同时上了 A、B 两家升学辅导班。之所以会让他们去那里，是因为我从大儿子班上同学的妈妈那里听说了。大儿子在学校里平均分大概是四分的水平，自从上了这家辅导班，到了五年级第二个学期的时候，成绩就到了五分。而小儿子一开始就是五分，上了辅导班之后，渐渐地有了考上驹场中学的可能性，国立学校的话价格便宜，都立的话，我们以前住所的附近是七二群中学①（立川高中、国立高中），在这所学校读书的话，能不能考上东大还不一定呢。但如果是驹场的话，只要能跟得上，基本上能考上东大吧，所以就让他去了。

虽然都是教育大学的附属学校，驹场中学是男校，大塚是男女混校。我丈夫为孩子选了男校，因为他觉得考试战争里，没有女孩子会比较好。

虽然还没决定孩子东大毕业后要干什么，但是只要能从东大毕业，就一定能拥有相当高的社会地位，这也是事实呀。这就和把各式各样的宝石都放在女人面前，虽说哪个都喜欢，但她们肯定会选择钻石是一样的。如果不用花太多钱就可以得到好东西，那大家自然而然都想去呀。不管大学之间的差距有多大，只想消除高中学校之间的差距。现在这个制度是不行的。我觉得想考驹场中学的人肯定会越来越多的。我们还没决定上大学要干什么，在驹场中学如果是前十名的话，老师会跟孩子建议，让他们试试东大的理科三（医学部）。

在考上驹场的孩子们里，从没上过A、B任何一家辅导班的只有五六个人。百分之八十的人都是两家都上。A升学辅导班的学习制度主要是以周为单位下达学习指示，让孩子们自己按照参考书学习，通过周日的考试来考察学习效果。这样一来，有的孩子就学得不好。

---

① 日本的一种学校群制度。七二群是其中的一个群，包括东京立川和国立两地的公立学校。

　　如果向升学辅导班的老师们请教，大部分老师都会让孩子们去他们自己办的辅导机构补课。其中有的老师把二十个学生编成一组，每周上一次课，收费七千日元。有的老师会跟父母们说，"有的母亲说了，只要能让孩子考上想去的大学，几十万日元也愿意花的"，用这样的方式来引诱父母们。听说，A升学辅导班孩子的母亲们，有些会十个人左右组成一个小组，请老师在宾馆里给孩子特训，费用好像是一人十万日元。

　　我家的孩子，从一开始就上了A、B两家辅导班，这两年，每周日我都会陪他乘国电在中野车站和四谷车站之间往返，路上，孩子就在电车里吃美式热狗。电视的话，我和孩子都是除了新闻什么都不看。

　　孩子考上之后的一整周，一直都在看电视。我孩子这才终于知道，他的朋友做的一个动作，是模仿电视上艺人的动作。孩子说："终于知道是什么意思了。"

　　孩子从学校回来，一边吃饭一边看七点的新闻，一直学到十点半，甚至会到十二点。六年级下半学期的时候，为了能够更早开始学习，晚饭改到了五点半。如果只学会了升学辅导班的预习辅导系列，那肯定是不够的，我丈夫就选购了一些参考书，配合着预习辅导系列的进度给孩子做了计划表。我丈夫说我家孩子就像是猴戏里被耍的猴子。他让孩子执行他制订的计划。孩子用了五六十本参考书，中学生的参考书大概也有二十本。

　　驹场中学的考试题里，有的是看了中学生用书才会做的。A升学辅导班的所有课程我们都上了。暑假四十五天，一天也不休息，到 A、B 两家去听课。正月的时候，离考试还有一个月，大儿子一个人回了乡下。我们连红白歌会①也不看，我丈夫和孩子就面对面坐在被炉里，把四年级以来周日考试中出的题目重新做一遍。从第一次考试结束的那天起，我们开始让孩子练习作文。一天写两三篇曾经出过的题目，我会全部看一遍，并给他指出需要改正或者注意的地方。

说起补习班或者升学辅导班，大家总是没什么好感。但是从孩子的角度来看，这其实就是一种游戏啦。这次考了第三名，下周就考到第一名吧！就跟赛马似的，过程也挺快乐的。孩子小学的班主任是一位年轻的男老师，放学后会跟孩子们一起玩儿，是个很好的老师。他从未说起过补习班或者升学辅导班之类的话，我们也不知道他对这些事怎么看。我家大儿子的班主任，在小学六年级第二学期的时候就清楚地跟孩子们说过，如果想要去私立或者国立学校上学，就要去辅导班补课。当时，我们每周都会让他帮忙看看孩子在辅导班里的成绩。

家长参观学校的时候，我看到小儿子对老师提问的问题从来不举手。后来我问他为什么，他说："虽然我都会，但是就算举手了老师也不会叫我的。"好像班里有孩子因为在上课发言时用到了辅导班里学过的知识，影响了学校班级里

---

① NHK 在每年十二月三十一日举办的音乐节目。女歌手组成红队，男歌手组成白队进行对抗赛，由场内观众和电视观众投票决出胜负。红白歌会是全家人一起迎接新年到来时观看的节目。

的进程，老师就对他们说"不要发言了"，所以我家孩子就不去影响别人了吧。

驹场中学规定，学生住的地方离学校的距离，上学时间必须控制在一个小时以内。如果驹场的老师对学生住所距离有疑问，就会以个人名义打电话进行确认。我甚至听说有个医生家的孩子考上了驹场，但是住的地方稍微有些不合要求，就被别人告密了，最后被取消了入学资格。所以，我家就买了这间商品房，搬了过来。

这两年，对于孩子来说，真的是非常充实的两年了。所以，这么做的孩子和没有这么做的孩子，肯定是有差距的呀。而且，只设立了特殊年级，却对有才能的孩子放任不管，我觉得这很不公平。

被压抑的东大意识

在我们展开"荣光进行曲"采访的某天早晨，来自东京都文京区的一位十六岁高中生O同学从高楼上跳下来自杀了。O同学在小学的时候不但有家庭教师，还上了A升学辅导班，成功考上了他立志考上的东京教育大学附属驹场中学。随后，他升入同校高中部，但却逐渐出现抑郁症的症状。于是，他开始在医院接受治疗，同时从驹场退了学，到了私立的中央大学附属高中——我们听说了这个故事，立刻开始了新的取材。我们见了O同学小学时代的老师和他初高中时代的班主任。

初中时代的班主任这样说道：

"O同学在小学的时候，是当地最优秀的孩子，可到了这里也就变得不起眼了。O同学在初中阶段，一百二十个人，他一直都排在五十名左右。总的来说，这儿的学生，他们的父母都是大家说的热衷于教育的人，在O同学的家里，还是他妈妈对孩子的期待大。二年级的时候，他妈妈还来问过我：'这样下去还跟得上吗？'我说：'请相信孩子，和之前一样继续下去就好啦。'他母亲可能有点过于担心了。

"O同学可能有点想当'山大王'吧。一年级的时候他在足球部，但是很快就退出了，之后开始跟当地小学时代的朋友们一起踢球。跟附近的孩子们可以坦坦荡荡地玩耍，在学校就变得非常别扭。

"这所学校从初中升高中时是没有考试的，大部分学生都觉得，初中的时候慢慢来，升到高中就差不多要开始备考了。家长们虽然不会把'东大'的名字说出来，但实际上，大家都很明确地想要考上东大。也许O同学不喜欢他的朋友们全都只想着考试这一件事，或者是因为他很讨厌每个人都只想着要考'东大''东大'的吧。他转学到中央大学附属高中之后，好像也说过'无论如何也得考东大'。如果真的没有'东大'这种想法，他也许可以更加轻松地去看待别的孩子的生活方式吧。实际上，他非常非常在意这件事，因此才陷入了一种神经症的状态里。这或许就是他一直用一种压抑的方法，在强化自己想要考入东大的想法吧。"

他在驹场高中时代的老师这样说道：

"我是听他父亲说的，他升入高中那年的春假，自己找了辅导班去上，还同时买了大学入学考试的问题集，早早开始了备考学习。那个春假，大部分孩子都是好好玩的，他可能觉得自己必须得做点什么了，便付出了超出常人的努力。第一个学期，他基本上没怎么来学校，一直都在医院看病。那时候，他本人开始说起想要转学到都立学校去。也许是因为觉得如果自己到了都立学校，就可以成为第一名吧。从第一学期到暑假期间，他的朋友们会给他打电话，叫他出去谈天之类的。九十月份的时候又逐渐开始去学校了，但是很快就不去了。第二年三月，他正式退学，转到中央大学附属高中去了。他的母亲好像一直到最后都希望他能够留在驹场……

"驹场学生的父母们，总是觉得孩子上了中学就像已经上了东大。只要能上驹场，就不会觉得孩子上不了东大，认为上东大是理所当然的，抱有这种想法的人很多。这里的大部分父母都是大学毕业，但是O同学的父母是高中毕业。他的父亲曾经说：'O觉得很自卑。'他可能因为父母的事情而感受到了一些屈辱吧。"

少年的遗书

O同学在遗书中这样写道：

没什么特别的。我只是想要去确认一下，死后的世界里有没有"自我"这个东西的存在。还有，您在读这些内容的时候，这个结果只有我一个人知道……哈哈哈，那可是件乐事呀。人生太无聊了，与这巨大的宇宙构造和历史相比，实在是太无聊了。哪怕是当了日本首相，也不过是一时间在报纸上闹一闹而已，几千年之后，谁还会知道日本一九七〇年有个叫田中角荣的首相啊？就像我们不知道尼安德特人或者北京猿人中每个人的名字一样，就算有谁一时间非常有名，一百亿年以后，"说起地球的历史，在地球刚形成后不久，有一个叫作人类的生物曾经存在过。接下来还有老鼠、蟑螂还有我们以及植物"……这样一来，什么田中角荣、什么圣德太子、什么亚历山大……更别提什么××（某个人的名字）了。每天都有几万人死去，就算是上了电视新闻如何如何，过一星期大家就都忘了。至于像我母亲这样与其说是认真地活着，不如说是平凡地活着、平凡地死去的人，她在浩瀚宇宙物质交替的历史之中，又能起到什么作用呢？

地球也是如此。"宇宙形成之时，在银河系的太阳系里有一个叫作地球的星球。""啊，这次期末考试会考的。"这样一来，××××（O同学的名字）是活了六十岁，还是十五岁的时候就想死了，这都不重要。所谓平凡，就是完全不显眼。我小时候就讨厌平凡，如果做了首相就不平凡了，我这么想，不，是这么思考，当时还想着："好的，那我就去做首相吧！"上了小学，大概五年级的时候，学了地球的历史之后，我开始觉得"就算是日本首相，也依然平凡"。渐渐地，我开始思考死亡的事情，这是一个大进步呀……我并没有觉得死亡是最好的事情，我啰啰唆唆说了这么多，你应该差不多明白了吧，总之，虽然我非常非常讨厌平凡，但是我注定无法成为一个非凡的人。我太不甘心了，只能一死了之，但这似乎也不是正确的决定。我觉得平凡地活着是件非常不好的事情，但是平凡其实是最重要的。我虽然知道这个道理，但还是选择死亡，我真是个蠢笨的男人。好了，就说这么多吧，接下来我想对我想到的人说两句。

首先是父母亲……请赶紧忘了我吧，"今天晚上吃什么呀？对了，就吃咖喱吧"。请平凡地，务必要平凡地死去。

各位护士，希望你们采血的时候能够更加熟练些。

××医生，对不起。您是名人，但是，名人们所面对的人里也有傻瓜。那是突然变异，比如我。千万别对自己作为医生的能力产生疑问，加油！

××、××，你们都是好伙伴。驹场是世界上最好的学校，我退学之后才意识到这一点。就此永别。让我遗憾的是，《爱与诚》我只读到了第七卷。

O同学葬礼之后的第二天，我拜访了他的家。文京区小石川，这里排列着一家家的小型印刷工厂和制书工厂。狭窄的道路上回荡着机器轰隆轰隆的声音，随后我走进一个狭窄的胡同。大概两米宽的道路，两边是老旧的木制长屋，其中一间就是O曾经生活过的家。他的父亲是做衣服的手艺人。我鼓足勇气，拉开了格子门。

正对狭窄的玄关，设立着祭坛。其上放置着的白色骨灰盒，一下子映入我的眼帘。旁边放着的，似乎是少年的帽子和包。他的母亲正在上香。

我诚惶诚恐地表示哀悼，表明了自己的记者身份后，站在纸门后面的父亲立刻大声说道："没什么好说的，没有！快走！"

他母亲想要说什么，可他父亲却捂住了她的嘴，他的手微微颤抖着。

　　梦想着家中的独子能够踏入社会的强者阶层，作为弱者的父亲，他的痛苦无处发泄。我看到，他的手一直都在颤抖。

Ⅲ

看不见的牢笼

关于孩子的教育，一个切实的问题就是，老师到底是好是坏，不由孩子或者父母决定。

有的老师十年如一日满不在意地教授无聊的课程，有的老师肆意地批评学生，有的老师沉迷在名车或者高尔夫球中……

母亲们之所以会对"没遇上好老师"这种事情如此敏感，就是因为哪怕不好的老师虽然少，但也确实是存在的。

但是，大部分老师喜欢孩子，希望孩子的眼睛能够闪着亮光，在自己的课堂上认真听讲，希望能够通过心与心的交流，把自己的一部分留在孩子的心底，老师一定为此付出了很多常人不知道的辛苦。

尽管如此，如今，当讨论起教育的时候，总会有人对教师的存在方式进行质疑。

我们决定，背负着世间对教师的切实期待，到教师的世界里去看看。

如果有什么东西浇灭了教师的热情，那会是什么？又该如何将教师与家长的期待结合在一起呢？为了找寻这个问题的答案，我们踏上了采访教师的路程。

（采访时间：一九七五年九月至十月）

<h1 style="text-align: center">— 流 转 —</h1>

教师集团的崩溃

单身生活　国铁予赞线沿着伊予滩呈东西走向，半路朝南转弯。大洲站前面几站，有一个叫作八多喜的无人车站。在此下车，走出车站，放眼可见连绵的山岭仿佛包围了整个城市，我们到达时初秋的太阳正缓缓地西沉。

说起爱媛县大洲市，大家都会想起连续剧《小花》①的故事舞台，虽然属于同一座城市，但这一带依然是一片寂静的农村。车站附近一户户人家排列得非常紧密，房子的尽头便是粟津小学。

这所小学的木制教学楼据说已有超过一百年的历史。从中走出一位瘦小的老人，他穿着松松垮垮的裤子，头顶都秃了，稀疏的头发已经全白。他是玉上陆郎老师，虽说只有五十五岁，看上去却像是年纪很大了。

---

① NHK播放电视连续剧，讲述了出生于爱媛县大洲市的女主人公小花的故事，她与军人相亲、结婚、生子后，丈夫突然去世，小花克服种种困难，独自养育孩子成长。该剧一经播出即受到日本国民喜爱。

我们沿着河边的路向老师寄宿的地方走去。山腰上闪烁着点点灯光，那些灯光都来自学生们的家。老师说，每次家庭访问都很辛苦。我们就这样边说边走着。两间长屋，其中一间有六张和四张半榻榻米大小的房间，这里便是老师的家。房间的一隅，摆着一些青椒和洋葱。老师的家人都住在松山市，而他则一直一个人在这里生活。

"从那会儿开始算起来的话，这种分居的生活也持续了十一二年了吧。"

老师所说的"那会儿"，指的是昭和三十年代初的时候①。对于当时爱媛县所有的老师来说，那是个让人无法忘却的时代。那时候，时代的浪潮正在改变着社会的形态。

升迁差异　玉上老师曾经在宇和岛市内的初中做教导主任，他还是教员工会的支部执行委员。一九五五年，他被调到了高知县界附近的上浮穴郡小田町的一所小学工作。

就在那个时候，爱媛县当局为了消解县财政的亏损，确立了适用地财法（促进地方财政再建设的特别措施法）的政策。这部法律规定，财政出现赤字的县如果发行再建设债券，国家将支付一部分债券利息，以援助该县的重建。但与此同时，作为条件，该县也须依照政府的指示，调整地方公务员的人员构成、下调工资等，采取健全财政的具体措施。

因此，爱媛县给出了一个"供奉物"一样的计划，那就是，对教员进行业务评定，只对成绩排名前百分之七十的人员给予晋升资格。

---

① 昭和三十年代，即一九五五年至一九六四年这十年间。

从表面上看，这项政策是为了消解财政亏空，但实际上，它的真实目的，是通过业务评定来瓦解团结在日教组一方的教师集团，削弱日教组的力量。与此同时，国会审议的《关于地方教育行政组织及运营的法律》重点提出要废除公开选举教育委员的制度。对此，包括时任东大校长矢内原在内的十位大学校长发表反对声明，称其"从根本上改变了教育制度的民主精神"，同时，七百万人也签名请愿。一时间，反对之声达到高潮。在这样的情况下，国会在五百名警官的协助下强行通过了这项法律。

依照此法律，教育行政权力可以渗透到教室的角角落落，另一方面，业务评定作为扫除抵抗分子的有力武器登场了。

工会会长代理 就这样，到了一九五六年秋天，爱媛县领先于全国，率先开始了反对业务评定的斗争。当时也属于工会成员的校长们以全县中小学校长会的名义发表了拒绝声明，认为"业务评定导致教育混乱，破坏职场的民主秩序"，拒绝提交评定书。然而，松山市内的一部分校长却退出工会，提交了评定书。以此为开端，抗议的步调逐渐混乱，终于在一九五七年五月，全县成员都提交了评定书。

那年秋天，围绕第二次评定的攻防战再次展开。而此时的玉上老师正在四国山脉地区一所山村小学。

"那时候，支部的工会会长和青年部长都逃跑了。没办法，只好由我来代理做这个工会会长了……"玉上老师永远也忘不了他从那年秋天到第二年春天，在县境附近的小山村里战斗的日子。尽管有很多不情愿，但依然要直击隐藏在教师内心的弱点。这仿佛是一出暗黑的连续剧……

从教导主任变成岛上的普通教谕

汇集签名 有一首叫作《街头签名》的长诗。作者是爱媛县某所小学的老师。

> 偶尔会有野猪出没
> 城镇的车站前
> 叠木炭箱、贴宣传单、摆起红色绿色的气球
> 娇羞地开始营业
> "老师，来这里干啥？"孩子们觉得不可思议，纷纷聚集过来
> "有点事。作业做完了吗？快点回家学习吧！"
> "请您签名反对业务评定。"
> 有人停下，有人走过来
> 老婆婆来问："是啥事？"
> "这叫业务评定，要给老师们分个三六九等……也就是说，要破坏民主主义，还有……"
> "俺没太听懂，但是签个名字也没啥吓人的。"
> 微凉的风吹来
> 夜幕降临，渐渐看不清远处的房子
> 我们背起画板，四散开去，开始家庭访问

爱媛县领先于全国，刮起了业务评定的暴风雨。身为工会成

员的教师们分散在县内各处进行着努力奋斗。玉上陆郎老师担任工会会长代理的小山村位于高知县境附近的上浮穴郡，由于提交第二次业务评定书的期限迫近，此地弥漫着紧张的气氛。

联合签名　这一带的山村，一到严寒期，温度会降到零下十度左右。在寒风刺骨的十二月的某一天，久万町教育会馆召开了郡内校长会议，会议将决定是否要提交评定书。得知此事后，当天夜晚，老师们从郡内各处赶来聚集于此。他们在会馆门前的路上聚集，挽着手、跺着脚，等待着会议的结果。

在二楼的会议室里，六十名校长正围着暖炉。他们都低着头，沉默不语。玉上老师时不时会到二楼来，向校长们喊话：

"请把头抬起来，从窗户里看看下面吧。你们的部下们都在严寒的路上等着各位呢。各位，此时此刻，我们正等着你们说出自己的决定呢！"

然而，凝重的沉默气氛丝毫没有消退。

凌晨四点，因为有人"有话要说"，玉上老师赶来二楼。

校长代表说："（我们）决定不提交业务评定书。所以，今天就让各位老师回去吧，不要影响了上课。"

听了玉上老师的报告，老师们觉得自己的彻夜等待没有白费，眼中含着喜悦的泪水，急急忙忙赶回去上课了。留下来的玉上老师等斗争委员会成员和校长们握了手。校长们也眼中含泪，回握了起来。

"那泪水到底是什么泪水呢？我真以为那是真的泪水呀。但实际上，校长们已经做好了联合签名，决定'即日起退出工会，提交业务评定书'。他们只是说自己作为工会成员的时候不进行业务评定吧。"

海盗之岛 终于，到了第二年三月。虽是到了春天，但在玉上老师看来，却又是回到了寒冷的冬天。他接到县教委的任命书，不但被撤去教导主任的头衔，变成了普通的教谕，还被调往两百千米以外的小岛上。

新的工作地点，从宇和岛坐船还要两个小时才能到。那里曾是伊予海盗①藤原纯友②的根据地，名叫日振岛。而这所学校，则是县内为数不多的四级偏僻地区③分校。

从那时到现在已经过去了十八年。这些年里，玉上老师一直都在离岛和山地的偏僻地区之间"展翅"，前后调动到七所学校，有十二年时间都没与家人团聚。他的大女儿（二十六岁）现在继承了父亲的职业，小时候因为父亲的缘故，小学和初中在八所学校、高中在两所学校上过学，二女儿（二十四岁）小学和初中共上了六所学校，高中也转了两所学校。

像玉上老师这样，因为参与了反对业务评定的斗争，坚持留在工会，而被发配到小岛上的老师并不少见。据县教师委员会称，从一九五七年到一九六九年，教师因遭受不公平调动而向人事委员会提起诉讼的案子一共有九十二件。而根据一九六六年四月的调查来看，被"困"在偏僻地区，或者在偏僻地区多次调职的教师有三十人，夫妇被迫分居的有二十三人。另外还有两人，因为加入了工会，而被发配到了偏僻地区。不仅如此，教师们在

---

① 日本南北朝时代至战国时代，活跃在濑户内海附近的海盗群体。
② 日本平安时代中期著名的贵族和海盗，曾在濑户内海地区反对朝廷统治，发起"纯友之乱"事件。
③ 日本按照地区偏僻程度，将公立学校所在地划分为一至五级，数字越高越偏僻。

工资层面的差别也是极大的。

就这样，有的人被严惩，有的人则获得了升迁，涨了工资。随着业务评定的展开，包括高中的工会成员在内，从曾经的一万两千人，变成了现在的五百人，成为了少数势力。

"业务评定的时候，志同道合的老师们都抱着随时被辞退的决心，完全没有退缩，真的很有勇气呀。但是第二年，大家就都退出工会了。我觉得，爱媛的工会虽说很强硬，但只要是下达的指令，不管什么内容都要执行，这其实从反面说明了老师们没有主体性呀。"玉上老师这样说道。

— "正常化"学校 —

列车时刻表般的学校管理模式

　　按分钟计算　"大家都认为，我们爱媛的教育界非常混乱，一片荒芜。十年前，各位前辈先贤赌上了自己在教育界的性命，用充满了睿智和勇气的决断，冲出了教育界的荒芜，走上正常的……"在教育界，我经常能听到"正常"这个词。业务评定事件后，铲除日教组对学校的影响的行为被称作是"正常"，成功的县被称作是"正常化的县"，爱媛县也成为了其中的代表。

　　那么，在"正常化"的县里，学校又是怎样一幅光景呢？A校长的学校被教育相关人员推为"正常化教育之样本"，我们去了那儿。

　　步入校门，首先映入眼帘的是被精心养护的树木花草。花坛中立着一块牌子，上面写着"成功之庭"。我想起自己曾经听说的，"那位老师的学校，一定不会有垃圾的哟"。

　　学校玄关处的鞋柜也非常令人赏心悦目。一双双小小的鞋子，摆放得都像是用尺子量过一样，没有一双是胡乱摆放的。

　　教员室里刚刚开始召开总结会。一位中年女老师站在那里，一手拿着一张纸，正在高声讲话。这周轮到她做主持人。

"请问还有别的吗？"

上了年纪的教导主任站了起来。他两手撑着桌子，说话的样子像是国会问答会上非常熟练的官员。

"……关于这件事，这件事呀……是这样，我就向各位这样报告一下……"

每位老师都挺直了腰板，两手放在膝盖上正襟危坐。当然，没有人在私底下说话。

"好的，接下来还有两分钟时间，分年级的信息交流会请控制在五分钟之内。"

当天是周六，总结会的安排是，全体会议五分钟，分年级信息交流会三分钟，校长讲话两分钟，共计十分钟。其他几天的会议时长是二十五分钟，也是严格按照事先计划好的，以分钟为单位进行。校长的讲话以"那么，今天辛苦各位了。再见"为结束语，随即，老师们全员起立，齐声说"再见"，随后深深鞠躬，这样才算真正结束。

没有声音 按分钟分配时间的会议、老师们礼貌的行礼——这些都体现出了Ａ校长管理学校的方针。这里已经是他担任校长的第四所学校。在之前的几所学校里，Ａ校长也贯彻执行了"把学校的日程表安排得如同列车时刻表一样"这一原则，曾经有位女老师因为开会稍微迟到了一会儿而被他批评哭了。这位校长对于一分一秒的时间都非常地执着。据Ａ校长说，他教导孩子们每一节课之间是"准备时间"，其间，孩子们会迅速上好厕所回来，把教材、笔记本之类的东西摆在桌子上，等待上课铃声。老师也会在铃声响起的同时走上讲台。按时发车是这里的铁律。

"休息的时候就放肆地玩，如果进教室五分钟还不开始好好上课的话，那是绝对不允许的。如果有孩子玩得忘了上厕所，一上课就说'老师，我想尿尿'，那老师就会说'可以去，但是，大家都会在这里等你，以后一定要注意'——我觉得，所谓教育，大概就是指这个吧，但是在A校长的学校里，这种老土的东西是不适用的。那里好像是被工厂传送带追着赶着一样。"在A校长曾经担任校长的学校里，也有老师这样说道。

一旦开始上课，孩子们就必须挺起胸膛，上身挺直端正坐好。严格遵守坐姿规则，也是一个铁律。接着就是不能有声音。如果有必要和隔壁同学说话，也一定要不发出声音地说，只能窸窸窣窣地说话。

全员反应 A校长认为应该进行"全员反应的教育"：当老师提出了问题，要让每一个孩子都能举起手来。校长曾说："课堂不能制造学不会的孩子。不能只让学得会的孩子回答问题，这一点我是反复强调的。"虽说如此，这也极有可能仅仅是个表面工作。

"老师一提问，所有同学都立刻向前方以四十五度角仰起头——最开始是用很简单的提问来特训。有的同事会对孩子说：'不管会不会，都先把手举起来。'为了能让校长满意，有的人就是做做样子。偶尔校长会来看看，发现举手的人少了，老师是会被校长批评的。"

"教育委员会的领导们来参观，看到孩子们整整齐齐举手的样子，很是感动。但是，教育可不是这种面子上的事情啊……"

听了内部人这样说，我不禁发出疑问，这种看起来井然有序的繁荣景象背后，到底有着怎样的教育故事呢？所谓的正常化学校，看起来像是"出格的老师"和"出格的学生"难以置身的优等生学校了。

为井然有序的步调而感到自豪

自主清扫　松山市Ａ初中位于市中心，是一所公认的"正常化"的优良学校。早上七点半，离上课还有三十分钟，几乎所有的学生都已经来学校了。孩子们拿着扫帚和抹布，正在打扫卫生。放学之后，孩子们也会打扫完卫生再回家，因此校舍内外真的是一尘不染。

校长室里摆着历代校长的肖像、校训"立志拓道"的书法，以及多达三十种各式优胜奖杯和奖章。

"鄙校将打扫卫生看作培养人才的基轴，为之费了一番功夫。每个人都不想做难事，但是我们让孩子们主动投入其中，通过自己的努力改善环境，为学校的美丽整洁做贡献，并从中体会喜悦——如果不让孩子们体会到流汗之后的畅快，我认为那就不是真正的教育。同时，只有在非常整洁的环境之下学习，才能学到真的东西……"

这位宣扬"自主清扫造就人才论"的校长，曾经做过教员工会支部秘书长，在业务评定斗争的时候退出了组织。据教导主任称，校长从五年前市教委将学校指定为情操教育研究基地的时候，开始对打扫卫生注入了热情。

"迅速劳动、默默劳动、安静劳动、有志向地劳动，我告诉孩子们，要用这样的态度来看待打扫卫生。现在，就算不强制要求，大家早上来到学校就到处走走捡拾垃圾……我认为，这是最容易触动孩子内心的行为。"

而让校长和教导主任都自豪得手舞足蹈的、在其他学校从未见过的光景，则是学校的晨会。首先，学生们会伴着管乐队的节拍走入体育馆。

"我走在最后。那真是安静得如止水一般。我走上台，跟大家问好。这个过程里，我从未听到过一丝杂音或者窃窃私语。"

校长还强调说，退场的时候也是非常值得一看的。管乐队奏响，年级委员走在最前列，安静地举起右手。全班同学都会集中注意力看向这只手。手放下的瞬间，所有人都踏出左脚……

"没有人发号施令，所有的动作都是在默默无言的规则下以集体为单位做出来的。如果没有跟上队伍，学生们会觉得是自己笨，很丢脸。我认为，晨会以这种整齐划一的仪式进行，是一件非常值得骄傲的事情。在无言之中，大家的心都整齐合一……第一次看的人都会非常感慨。"

格言集　校长和教导主任都非常引以为豪的"齐心协力"，在鞋柜处也有所体现。每个班级的鞋子，都是脚后跟距离鞋柜边缘一厘米的距离，整齐划一地摆放在隔间里。带我们参观的教导主任还专门说了一句"请看看这里"，可见这是令他颇为自豪的一处了。

走在走廊里，我发现从天花板上垂下来很多板子。仔细一看，每一张板子上都写着各种格言：

千里之行，始于足下——老子

己所不欲，勿施于人——《论语》

大奖赛的修行和杂兵的修行自有不同——德川家康

奋进当如水，川流不息——二宫尊德

"一共有十六个种类，时不时会换内容。但是校长喜欢的两句格言是一直挂着的。"教导主任自己也觉得，"日日是好日"和"教而化之，化难及也，化而教之，教易入也"这两句格言"是最好的"。

走廊里，随处可见"靠右静行"的字样。教室里也到处都贴着写满大字的纸："追赶、超越""团结一致""立志拓道""集中全力"……这所学校可真是喜欢这种类型的标语呀。而当我打开学生会志，着实又吓了一跳。

在三年级学生和职员住址簿上也有"一句格言""人生格言"的栏目。在学生之间，"罗马并非一日建成的"和"不忘初心"这两句很流行，同一个班里有两三个人都写了这一句。还有写了"喝"①"滚石不生苔"②之类的比较生硬的话，还有一些写着"毅力，毅力，毅力，用毅力战胜一切""是男人就放手去做吧"之类的话。老师们的话则是"幸福源自感激之心，不幸源自不满之心""掷千言莫如履一行"之类的。这些格言多到可以汇集成一个格言集。

金太郎饴③　快要回去的时候，我走在学校走廊里，铃声响了起来。走在我前面的学生们突然停了下来，俯首默默站着。

"孩子，你怎么了？"

"铃声响起的时候，要默想一下接下来要做什么事，学校是

---

① 此处指佛教中只可意会不可言传的真理。

② 此句取自英国谚语，A rolling stone gathers no moss，指一件事持之以恒地坚持下去才能取得成功。

③ 一种日本的传统糖果，将普通糖膏染色，拼成金太郎的形状后拉长，待糖膏变硬后截成小段，这样糖体两面都是金太郎的头像。

这样规定的。"

说完这些，他沿着走廊左边跑了起来。这时，一位老师出现了。正在跑着的孩子突然停了下来，迅速移到右侧，等超过老师之后，又急转弯回到了左侧。刚才默想的那个孩子，到底在想些什么呢？

那天，我们结束了对各处中小学的采访后，发现我们的采访结果中有一个很奇妙的地方。那就是，整齐的鞋柜、整洁美丽的学校、铃声响起进行默想、随处可见的标语……A初中的这些特点在其他的中小学里好像也大为流行。

"像金太郎饴一样，不管从哪儿截断，都是同样一张脸。"这张脸的背后到底有着怎样的教育理念和儿童理念呢？为了探究这个问题，我们继续展开了相关采访。

老师是戒律的执行官吗？

"惩戒权"　就职于爱媛县西条地区某所小学的A老师，有一天，因为同事B老师出差不在，帮忙照看了他的班级。B老师每天一大早就来学校，打扫校长室和教员室前的走廊，是个很讨校长喜欢的老师。

"我去了他的班上，着实被吓了一跳。通常，孩子们都会吵吵闹闹，说'老师讲讲吧，我们讨厌自习'这样的话，而他的班上，孩子们安静得出奇，让人感觉浑身不自在。但是，有一个坐在后排的男生，一直在捣乱。我一看，那孩子我也认识，那是个不会轻易听老师话的孩子。"

然而，全班只有一个人，坐在讲台旁边，她的课桌与同学们的面对面。她是班级委员。她朝那个孩子大声点名："××同学！"被点了名的那个男孩立刻停止了捣乱。老师对那个男孩说："你今天很安静呀。"孩子竟回答："老师，不然就是写汉字一百遍啊。"

原来，在B老师班上，班级委员被赋予了"惩戒权"，一旦被委员点名注意了，就得写一百个汉字，点名两次就是两百个汉字……班上有这样的惩罚规则。

"校长会根据上自习时候孩子的表现来评价老师的教育效果，因此，老师终究会采取惩罚孩子和让一些孩子监视另一些孩子的制度。老师出差的时候，还会威胁孩子们：'如果不好好待着，出差回来不会轻饶的。'"

抄写汉字一百个这种惩罚方式，已经听过不止一遍了。有位母亲痛斥自己的孩子在初中里一礼拜就被罚写了一万个字，不堪重负，不得已找到了这位老师的同事商量。松山市内某所小学一位上了年纪的老师，对那些忘带东西的孩子每天罚写汉字一千字，或者是打扫走廊。家长们表达了不满之后，这位老师反倒对孩子变本加厉了，于是，家长也只好忍气吞声。依靠校长和老师同事的帮助，这位老师才做出了改变。

罚单　在松山市C初中，连接不同教学楼的走廊有四处地方有"禁止穿鞋入内"的规定。但是，总有学生违反规定。于是，担任学生指导部长的老师便想出了一个计策。学校模仿交通罚单，向每位老师发放二十张罚单，并让他们在这四处进行监视，如果发现有人违反规定，就立刻开出"罚单"。

"如果某个孩子手上的罚单积攒到一定程度，就会被严肃处理。但是，学校要求老师们三天发出去二十张，总感觉怪怪的。"

有的老师为此感到不平。

八幡滨市也有采用类似做法的学校。学校事先向全校学生每人发放十张违规卡，每个年级的监视小组一旦发现有哪个同学在走廊里跑，就会收缴一张违规卡。而学生会则会汇总每个年级监视小组拿到的"战果"，整理出一份"违规排名"，在校内广播中公布出来。

限制外出 不许跑、不许喧哗，在学校里被这么训斥，孩子们回了家依然是不自由的。在松山市内，大部分小学的孩子们，如果没有大人陪同要离开学区去某处的时候，也要佩戴校徽、穿着学校规定的标准服装，同时还必须事前向班主任告知离开学区的合理理由。这是松山市内小学的学生指导主任们聚在一起做出的决定，其中也采用了许可制的方法。

哪怕是去隔着一条马路的医院，或者周日去钓鱼、骑自行车，如果没有事先获得年级负责学生指导的老师的许可，就不能去。除此之外，如果想要骑车，还必须通过检测。所谓检测，就是在学校里，由PTA的母亲们帮忙检测孩子骑车水平是否过关，仅此而已。孩子们想要出去冒险真是寸步难行。

有个初中老师出了一篇作文题目，名叫"暑假里的一件事"，其中有个孩子记录了他与弟弟两个人骑自行车从松山县出发，到住在临近高知县的爷爷家去的故事，他们骑车翻过了七百米高的山，非常开心。老师读后感觉"孩子们可真棒"，没多想，便把这篇作文拿给隔壁负责学生指导的老师看。然而，这位老师看过之后竟然说："不能瞒着老师外出，你写上去吧。"

行为举止礼貌，不给别人添麻烦，只走规定好的路，老师们成了认真遵循规则的执行官，非常卑微庸碌。这些规则，全都标榜是"为了孩子们好"，但每当想起在规则面前胆战心惊的孩子们的面庞，我就会被一种难以名状的悲伤侵袭。

助推培养他律之人

牛相扑之城　我们来到了位于爱媛县西南部的宇和岛。这座城市里有江户初期建成的壮丽而典雅的城堡，至今依然流行着农民们的娱乐项目——牛相扑。从时间上讲稍微近一点的，战后给日本社会带来了诸多欢笑的狮子文六[①]的小说《天翻地覆》和《大番》的故事舞台也是在这里。虽然处处都飘荡着温和的南国氛围，我们却在这里目睹了教育一线的严峻景象。

A 初中今年第一次允许学生们在运动会的时候给运动员加油鼓劲。学生们的热切希望终于实现了。A 老师认为这是培养孩子自主性的大好时机，便让班上的孩子们都好好想想怎样给人加油。同学们讨论得热火朝天，在秋日里度过了愉快的一天。想到这里，老师也觉得很自豪。

然而，这个梦想很快就破灭了。"禁止穿着制服、体操服、柔道剑道服之外的服装"，"加油助威只限于日程安排中规定的时间之内进行"，"所用道具只能是一把团扇"——体育主任指导制订了这些规则，并召开了加油助威讲习会，让老师们将加油助威的方式统一起来。

[①] 狮子文六（一八九三至一九六九），日本著名小说家、编剧，本名为岩田丰雄。

"孩子们本来可高兴了，但听了之后却说：'这不就没意思了吗。'确实啊，他们也想一个班一个班地好好搞创意，也想趁班级同学跑步的时候在边上大声呼喊助威加油呀。不能穿奇装异服，必须得整整齐齐的。如果不放手让孩子们自己去搞的话，结果也就是让孩子们按照老师的计划执行而已。教育委员会把整整齐齐当作评判的标准，比起照顾孩子们的心情，老师们还是选择了去听那边的话呀。"

他律之人 B老师在出去远足的时候经历了一件不愉快的事情。B老师想让孩子们自己选择远足目的地和具体安排，便找了一天来开班会讨论。"我想去××山！""老师，一起蒸饭吧！"孩子们已经好久没有这么激动了。B老师还叫来了其他班的，大家越讨论越热闹的时候，同年级的其他老师却过来说道："远足这个事情可不是由学生们来决定的。"

"那些人都上年纪了，他们自己爬个一千米的山都会腰酸背痛，但是从来不说是他自己不行。每次都说'为了孩子们'，其实都是'为了成年人'。"B老师非常愤慨。

就这样，将孩子们萌芽的自律精神统统摘除，"他律主义"横行各处，却又生出了一种批判的论调，说"现在的孩子，只要别人不命令他做事，就什么也不做"。

C老师所就职的初中，教学楼都是木制结构的。让孩子们打扫教室的时候，习惯了"他律主义"的孩子们不但会一直等着老师指挥，而且完成得都很差。针对这种半吊子式的打扫方式，C老师所在的学校对"打扫卫生的方法"进行了规范化管理。擦地板的时候，必须要"擦三次再前进"。

"据说这是女老师研究出来的最佳清扫方法，开教员会的时候，她们就跟老师们说：'以后请按照这种方法指导学生。'这种做法，也就是继续加深学生们'他律主义'的倾向罢了。"

但是，最让老师们担忧的是，这种他律的教育环境，正在让孩子们的学习能力加速下降。D老师如此指出。

地球引力 理科课上，D老师讲完地球引力的知识后，这样跟学生们说道："牛顿发现引力的时候，其他学者问道：'地球引力会影响月球吗？'牛顿回答说：'当然会。''那月球为什么没有掉到地球上来呢？''月球也会掉到地球上来的。'据说他们曾有这样一番对话。同学们怎么看？月球会掉到地球上来吗……"

据D老师称，十年前的学生们听到这些，会大声喊："啊，真的吗？"当老师解释说："其实月球本来是直着往前走的，但是因为被地球吸引所以才会转圈圈。"原来如此啊！学生们会展现出非常强烈的兴趣。"但是，现在的学生们只是默默的，一点也不觉得不可思议了。"

教学课堂被学习指导要领紧紧束缚着，只能严格按照课本内容快速前进。这种做法导致很多学生跟不上进度，文部省不得不因此开始进行教育课程改革。但是，越来越少看到孩子们在发现、惊讶中感受到学习的乐趣并开始理解自然和社会法则。学校生活从整体上破坏了孩子们的自律性，这样真的可以提高孩子们的学习能力吗？D老师表示质疑。

"从一年级学生来看，孩子们眼中闪烁的光芒一年不如一年。以前也有填鸭式教育，孩子们起码也有能力记住知识，但是，最近我感觉就连这种能力也渐渐枯萎了，真让人害怕呀。"明媚的太阳光辉夺目，而在这个牛相扑和《大番》的故乡，阴影却越来越深重。

— 被束缚的人们 —

令人窒息的上命下从的社会

天岩户①　"我稍微模仿一下给你们看看吧?"

在爱媛县某市，我们遇到了女教师 A 老师。她这样说着，站了起来。她想给我们表演一下，自己就职的那所小学里每天早上在教员室里上演的场景。这个场景是随着早上八点十分的铃声响起开始的。

"好，假如现在铃声响起了。首先，我们全员都得起立。手指得像这样伸得笔直，一下子贴到腿边。"站在房间正中间、身着朴素西服的小个子 A 老师立正了。

"然后，大家都朝东转过来。这是校长室的方向哦。这个时候的铃声很长的……此时，教导主任赶紧走到大家面前，迅速地打开教员室和校长室之间的门。我们就一起小声说'看，天岩户敞开了'，然后，校长就静静地这样……"A 老师生动地描述出了现场奇怪的模样，让大家爆笑出来，采访也暂停了。

---

① 出自《古事记》，是一个岩石形成的洞窟。传说太阳女神天照大神躲进天岩户，从此世界陷入一片黑暗。

接着，大家面对走出来的校长，齐声问候早安并行礼、入座后，校长一定会问大家："有什么事吗？"通常，没人说话。稍过一会儿，教导主任就会宣布"就此结束"。

"大家以这句话为号令，立刻全员起立。必须得立刻把椅子推回桌子下面。不然的话，就赶不上敬礼的点了……"

上传路径 A老师专门表演给我们看，是为了解说校长、教导主任和老师们之间"上命下从的关系"。在这所学校，除了五分钟"天岩户"的职员晨会和五分钟放学后的职员结束会议之外，再没有任何其他的教员会议了。这十分钟，是为了传达校长、教导主任和教务主任的指示，并没有时间给大家相互交流。

当普通老师想要"下意上传"的时候，首先得跟年级主任汇报，按照年级主任—教务主任—教导主任—校长的路径进行传达。如果在早上和晚上的集会上普通老师突然发言了，又会怎样呢？

有位老师，在结束会议上站起来说"我有个问题"，接着对如何使用理科教室的事情进行了又像质疑又像感慨的发言。这位老师跟教导主任进行了两三轮的问答之后，坐在他边上的女性年级主任突然紧紧握住了正站着说话的这位老师的手腕。"你呀，在这说什么废话呢……"年级主任的声音很小，但是打断了这位老师的质疑。据说，后来这位老师被年级主任狠狠批评了一顿。

"老师让校长、教导主任觉得年级主任管不住自己的年级，年级主任肯定生气啊，因为要按照顺序一层一层汇报才行呀。就是这个缘故，虽然大家吐了很多苦水，但是要跟上面的人说话也没什么好处，所以就什么也不说，都像缩头乌龟一样。"

剩饭调查 另一位女老师B在另一所小学上班。她说："我们学校连个能跟校长和教导主任直言不讳的男老师都没有。每天都不知道该怎么办……"

比如，学校的配餐。这个学校的校长把"让孩子安静吃饭、不剩饭"当作座右铭之一，为了让大家严格遵守，吃饭的时候校长会在各个教室转转看看，稍微有点说话声就会说"太吵了"。不仅如此，他还会在餐后一个一个地打开配餐所的剩饭桶检查。这不是偶尔才有的举动，而是天天如此。

"有一次，他发现了一个剩饭多的班级，就对这个班的年级长大声斥责。没错，在学生面前。女老师被批评得直打哆嗦……"

在与B老师见面之前，我们听说在松山市，B老师为了让班上的孩子坐姿端正，竟然用了绑带。而B老师则表示："实际上，我们学校对于让学生挺直腰板要求得非常严格。"

到底为什么一定要对孩子如此严格呢？B老师直白的回答让听的人吓了一跳。

"说实话，在我们这些知道内情的人看来，这是因为校长对老师的威胁呀。"

A、B两位女老师都再三叮嘱我们："一定不能告诉别人这是谁说的。"其他的女老师也在接受采访过了几天后，又专门写信过来说："回想一下觉得很担心。因为害怕被处罚，请一定要……"在爱媛县，作为少数派的县教组成员自不必说，就连标榜着"教育正常化"的爱媛县教育研究协会——被县教组视为第二工会——这个多数派组织的成员老师，也非常注意不随便跟别人说职场的真实情况。

尽管如此，我们还是从女老师们话语的深处，感受到了一种从内心中迸发出的不满与悲痛。

为了向人展示的研究课

相关性 爱媛县新居滨市，石油化工厂的银色设备林立。这里被称作住友化工之城，是一座典型的依托企业而形成的城市。在 A 初中，很多孩子的家长都在住友相关的企业里工作，这里的孩子升入高中的比例也非常高。校长五十五岁，四年前，他曾任市教委指导主事①，是精英组中的一员。

这所学校也将整齐的鞋柜看作值得骄傲的一件事。他们将"教育从鞋子开始"视为格言，还会在教员室里发放鞋子整齐状况的调查表。

"在学校检查的时候，我会去厕所看看。确实啊，如果学生们慌慌张张的话，那厕所的鞋子也会变得乱七八糟。迟到的人多的话，鞋子就会乱放，这是有相关性的。"校长如是说道。

这位校长最近总是心神不安，因为马上就要在 A 中学召开县教育研究大会，即西条管内大会了。届时，他要在辖区内大概两百五十名老师以及县或市町村教委的指导主事等人面前，把两年以来的研究成果以公开课的形式发表。

业务评定斗争之后，从日教组退出的教师高举着"正常化教育"的旗帜组成了爱媛县教育研究协会。自一九六一年开始，每年都会举行教育研究大会。第一届大会的主题是"探索适应新时

①　日本各级别行政单位的教育委员会所设置的专门职位，主要负责学校教育事务。

代要求的教育课程，找寻实践办法"。

这个组织的研究活动与其他组织有所不同，每年都会制订一个与县教委提出的题目相关的题目。也就是说，他们会与教育委员会进行共同研究。今年的主题是"培养丰富人性的教育"，全县的中小学都参与其中，展开共同研究。

上课方式 A初中将主题定为"以实现丰富的人格为目标，如何通过开展组织化的学习来培养自学能力与思考能力"，把全校老师分成四组开展研究工作。这四个组分别是：搭建学习内容框架组、对学习进行意识化组、学习训练组和学习系统化组。

以搭建学习内容框架组为例，"简单地说，这里就是研究为什么需要教材，目的是更新教材公司指导书上的知识"。在去年所做的厚厚的报告书里，还有一篇很难读懂的关于学习能力论的论文，该论文引用了德鲁克的《断绝的时代》和托夫勒①的《未来的冲击》。

框架组的老师们用演讲专用的资料给我们做了说明。资料上印着锥形图，并被切成很多块，上面分别写着"解决问题的能力""思考、创造的能力""再次生成知识的能力""对知识进行结构性认知的能力""对知识进行发现性认知的能力"等，圆锥中间则写着"丰富的人性"字样。"关于这个锥形图啊……"老师拼命地做着讲解，但是内容晦涩，我没有很理解。

意识化组的组长是个想马上升为教导主任的四十多岁的老师。

---

① 阿尔文·托夫勒（一九二八至二〇一六），美国著名的社会思想家，著有《未来的冲击》《第三次浪潮》等。

"比方说，理科的'维持生命'这一单元吧，原本都是在课上单方面地给学生们灌输动物的繁殖方法有胎生和卵生。那么如果在课上给孩子们看一个盐渍鳕鱼子，问他们'这里面有多少卵''为什么鱼卵的数量这么多'，孩子们就会抱着一种想要知道答案的心情，自己去调查、去思考答案……"

在我看来，这是普通的上课方式。

化妆　花费两年时间进行研究，对老师们来说无疑是一个很大的负担。但是，跟这个一样难办的，还有作为主办方迎接来客的工作。除了研究大会之外，还有指导主事们多次的学校访问，以及包括教育委员长、教育委员和课长们在内的访问。他们来访的日子，就得对所有的内容，从课程表到备用品账单等进行细致的讨论和检查。确定了安排之后，老师们还得为了这天的到来而赶紧开始着手准备。除此之外，还有研究大会的工作。

在 A 初中，十月开始弥漫起紧张的气氛。学校请工人来把走廊墙壁重新刷白，校园里的铁栏杆、楼梯等处的油漆如果有脱落的话，就让有能力的老师做无偿劳动。大会召开前的一周被定为校园美化周，学生们要重复进行大扫除工作。

就这样，终于度过了最华丽的这一天之后，这些研究会和实际上课接轨吗？"所有的一切都止于开大会这一天。会开完了，大部分老师接下来就什么也不做了。"一位老师告诉我们他的真实体验。A 初中接下来会怎样呢？在会上发表的老师们，会立刻开始抱怨"头疼吃不下饭"。他们是如何在"评价"自己的剧评家面前进行生动表演的？每个人都好像是第一天开始表演的演员一样紧张。

研究影响孩子们

《标准工作纲要》 "搬学校供餐的时候，要整齐流畅，干净地运送。吃饭的时候，面前摆放面包，左前方摆牛奶，右前方摆小菜。面包分成三份，前十分钟吃一份，中间十分钟再吃一份，最后五分钟把剩下的吃完。吃的顺序是面包—牛奶—小菜—面包……要严格按照这个三角形流程吃。要练习全班同学一起开始吃，二十五分钟之后一起吃完，吃饭期间禁止说话。"

爱媛县的某所小学是文部省和爱媛县学校供餐研究指定学校，上述内容是该校的供餐标准流程。这不禁让我联想到，在流水线生产的工厂里，为使生产更有效率而用秒表测量每一名工人的操作，精确到分秒来制定的《标准工作纲要》。

这所小学被列入供餐研究指定学校已有两年，每个月两次，老师们都会聚集在一起，研究适合这一操作流程的指导方法，直到开大会，老师们要一直训练孩子们这样做。大会的日子终于临近了。一天，县教委发来提醒说"不希望学校过分纠结于形式"，但是一直以来都在特训的这种形式，一时间也没办法推翻了，就这样坚持到了最后。在大量来客面前，孩子们按照"十分钟吃一块面包"的模式，有条不紊地开始了吃饭表演。

"发表研究成果的时候，那景象可真是整齐呀。但是，发表结束之后，立刻就乱起来了……最近，孩子们也掌握了要领，知道有人要来参观了，就提前两三天进行一下特训，这样孩子们就又能变成正儿八经的吃饭模式了。"这所学校的老师也稍稍告诉了我们一些内幕。

回不来的时间 我们又向另一所小学的一位女老师询问了研究的真实情况。据她自身的经历，比如说要公开发表算术的研究成果，为了让孩子们当天能够好好地配合，就会先集中教给孩子们当天所需要的知识。

"实际上，应该有系统地进展下去，不该这样提前讲。而且，为了让公开课上没有问题，就得花费两三个小时去讲这些内容，但是其他的知识，就只能在公开课结束之后迅速讲完……时间肯定是不够用的。不仅如此，每个月都有校内研究会，到时候，老师们早上就会去参加公开课，下午就让孩子们回家，老师们再开讨论会。结果，一到这个时候，大家的课都停了，这会影响孩子们……最后就只能还没学完就开始下一本书……"如果十月份有发表的话，最早从暑假开始就得为了这一天准备教案，并交给学校进行教案审查，请指导主事等人批准。这样一来，等到教案回到老师手上的时候，最初的方案已经被改得面目全非。有了教案，还要借用隔壁班级进行彩排。

"好好准备，到时候也有可能一切进展顺利。但是，这背后的牺牲可大了。正在成长的孩子们，每天的时间都花在了配合研究上面，但是这些时间再也不会回来了，这真是个大问题。我们宁可不要这些研究，不如放学之后给后进生补课，帮他们学习。但为了准备这些，我们被弄得精疲力竭……"

菊花 跟新居滨的初中一样，这所学校也在发表日临近的时候，把学校内外好好打扮了一番。

"为了能在发表大会召开的时候有鲜花盛开，我们专门种了菊花，我们还要重新粉刷厕所的门。校长说不能有一点点纰漏，为此，大家颇费了一番功夫。"说话的这位老师是爱教研的成员，她曾出席过其上级部门日本教职员联盟的大会，当时与其他"正常化"县的女老师们聊天，得知其他人也对这个研究会颇为不满。听了她们的埋怨，这位老师更觉得心痛。

"为了公开课，每天都很紧张。有的老师一结束就病倒了。前几天还有一位母亲过来问我：'这是学校为了研究会才教的吗？'可真是被她言中了。我们害怕上面的人，只能听话……"女老师这样说着，满脸愁容。

没有家长不希望老师提高上课质量。但是，当以此为目的的"研究"成为了业务评定对象时，孩子就成为了一个道具。我们遇到了很多被无休无止的研究追赶并对此深恶痛绝的老师。这些乍一看颇为滑稽的证词越来越多，竟让我们生出了无处发泄的愤怒。

从萌芽阶段清除邋遢人

时尚 在以"正常化教育"为荣的爱媛县各地，我们看到了很多同样长相、同样表情的学校，仿佛从超短裙转为长裙的流行趋势一样，只能让我们将它和某种流行现象作类比。两者一致的地方在于，举出某个名目来，孩子们都为了能够符合那种德行，拼命努力。大部分时候，它都以遵循学校规定的形式出现。而这种规范教育背后，到底有着怎样的教育理念呢？就此，有位校长这样说道：

"身体姿态也好，鞋子的整洁度也好，校园美化也好，如果学生们不好好遵守的话，教室桌子的抽屉里或者笔记本上就不整洁，孩子们的学习态度也会变得不认真。如果在走廊里跑，摔倒在混凝土地板上又会酿成事故，这也是现实问题。最近，本该在家里就学会的东西家长没有教，学校就得教更多的东西了。"

说起来没有任何不妥之处，校长也坚信"一切为了孩子的成长"，我也不认为这是个谎言。但是，还是有老师对这种形式背后的教育理念产生了疑问。

坏狐狸 在战争期间英年早逝的童话作家新美南吉①在他十七岁的时候创作过一部作品《小狐狸阿权》。这部作品非常出名，小学老师经常会讲给孩子们听，故事是这样的：

> 小狐狸阿权没有父母，经常到处捣乱，把田里的芋头挖出来摊得到处都是，还会去扯坏晾晒着的辣椒干。有一次，它在河滩边偷了百姓兵十捕的鳗鱼之后逃跑了。但是，十天之后，兵十的妈妈死了。原来，那些鳗鱼是兵十捕给生病的母亲吃的。知道这件事后，阿权非常后悔。
>
> 于是，阿权每天都会到跟自己一样孤零零的兵十家里，给他带去栗子或者蘑菇。但是，兵十却不知道阿权的这份心意。有一天，兵十看到阿权，就用枪打了他。但打了之后，他才知道是阿权给他带来了栗子。
>
> "阿权，原来是你啊！原来一直都是你给我带的栗子啊！"
>
> 阿权紧紧地闭着眼睛，点了点头。兵十啪地扔下了枪。

---

① 新美南吉（一九一三至一九四三），日本著名儿童文学作家。创作于一九三二年的《小狐狸阿权》是他的处女作和代表作。

枪口处冒着细细的青烟。

在爱媛县宇摩郡地一所小学里，我们见到了Ａ老师。在业务评定的大动乱之后，Ａ老师依然是日教组的成员。现年五十六岁的他依然是一名普普通通的教谕。Ａ老师喜欢《小狐狸阿权》，经常会把这个故事读给孩子们听。爱搞破坏的小狐狸，它的内心是多么纯洁善良。但是，善良的心与心相互错过了，真是个令人悲伤的故事。这篇短文把人性展现得活灵活现，每当读起它，Ａ老师就会思考如今"正常化教育"背后的思想到底是什么。

"阿权之所以总是捣乱，是因为它想要跟人类亲密，想要跟人类变成好朋友吧。所以他才会改变，在兵十妈妈死后每天都带栗子来。也就是说，它本质上可能是个很好的孩子呀。但是，'社会'却觉得阿权是个爱捣乱的坏狐狸，兵十作为'社会'里的一员，也这样觉得，所以最后才会开枪把阿权打死了。现在，这些打着'正常化教育'旗号的规范教育的背后，是不是也有一套类似'社会'看待阿权的思考方式，非要有一套特定的规范，不适应这套规范的孩子就被看作'捣乱的坏狐狸'。这套思维方式，把人的内心价值看扁了，比方说，我们学校就……"Ａ老师这样说道。

适应的人　有位名叫Ａ的男孩子，他发现校园里有蜘蛛，就会啊啊大叫；看到螳螂，又会仔仔细细地盯着，怎么也看不烦；觉得池塘里的鲤鱼好玩，他甚至会听不到大扫除的铃声。一天早上，过了上学时间Ａ还没来，就在老师正为Ａ担心的时候，Ａ的母亲打来了电话。原来，前一天Ａ钓了很多虾虎鱼，兴高采烈地要拿回家养着，但是第二天早上，他看到四五条鱼都翻着白白的肚皮漂在水上，就哭着喊着"虾虎鱼都死了"。母亲没办法，只好先打了电话来说孩子会迟到。

"像A这样的孩子，现在在学校里就是不打扫卫生还迟到的孩子，也就是坏孩子了。这样的孩子，不能待在某一个特定的框架里，但就是这样的情况，才显露出人之为人的可能性和纯真。我觉得，正是在这些地方，才潜藏着人们活在世上的意义和价值呀……"

另外一名老师说，在"正常化教育"背后，是要让孩子们能够好好适应现行体制和在现行体制延长线上的社会，而不是要让孩子们作为社会主人的社会，凝聚大家的力量共同推进社会变革的社会。

到底应该怎样看待孩子，到底应该怎样看待人类本身，这成了一个横亘在"正常化教育"背后的大问题。

尽管如此，像金太郎饴那样不管在哪儿都是同样的形状，老师们这种自发的创意，是碰巧才一致吗？在我们看来，老师们的心中好似有一个看不见的牢笼。

― 暴走死的背景 ―

不良行为是孩子和父母的责任吗？

桑树田与工厂的城市 栃木县南部，从东北本线小山站出发沿着通往茨城县结城市方向的县道走去，就会看到接连不断的工厂高墙。这一带的农村地区，从一九六〇年开始乘上经济高度增长的列车，大型工厂不断入驻，有富士通、小松制作所、昭和铝业……而在工厂建筑的尽头，桑树田沐浴着秋意正浓的午后阳光，如烟雾一般铺散开去。

九月九日晚上八点左右，初高中生、从职业训练学校退学的少年等八人，分别乘坐两辆350cc的摩托车，在这条县道上搞飙车比赛。其中，小山市立绢中学的三年级学生A同学（十五岁）乘坐的摩托车撞到了一辆停着的车子，随即飞过道路侧沟，摔到了桑树田里。A同学撞到了头部，第二天死亡。

那附近的很多农民家里都有桑树田，并种植蔬菜，同时还会纺织结城袖布①，因此，他们的收入水平相当高。也许正是因为

---

① 茨城县、栃木县地区生产的绢织品，是日本国家重要无形文化财产，也被联合国教科文组织评定为世界非物质文化遗产。结城袖的纺织工艺复杂，非常适合制作和服。

如此，很多父母都会给孩子买摩托车。在绢中学的学区里，就有一家全国销量第四名的优秀店铺，专售本田摩托车。今年三月，这里甚至发生了这样的事件：三十六名少年带着铁管要去跟人打架，他们骑着摩托车在国道五十号线上飞奔，后被小山警察署逮捕。

A同学的爸爸和哥哥都是卡车司机，妈妈是卖水果的，姐姐是巴士导游。虽然全家人都在工作，但是生活并不富裕。A同学在初中的成绩是中等偏下。不知从何时起，他交了一群高中生和退学生朋友，开始沉迷于摩托车带来的快感之中而不能自拔。

不良行为的适用范围 绢中学有八个班，共计二百七十三名学生和十五名教师，是个规模较小的初中。学校大门处摆着两个大型陈列柜，其中收纳着各种奖杯和奖牌。学校走廊里，则密密麻麻地挂着各种各样的奖状。而在校长办公室里，则挂着历代校长、PTA会长、后援会会长的照片和市议员的名牌。

"发生那样的事故，真让人生气啊。好不容易积攒起来的成绩，一下子就被搞垮了。本来，把那种事故跟我们学校关联在一起就很成问题，又是在晚上，也没有指导监督的人。不过是因为人死了……但是，这种事情经常会有的，这种程度的事情。"校长口中的"成绩"，指的是学校被栃木县警察和日本善行会表彰交通事故"零发生"的事情。在这所学校里，每个班级都会轮流在学生上学路上的重要地点执勤，对学生进行监督。骑自行车上学的孩子们，则会被检查贴在车后写有"×年级×班级×号"的牌子。违反规定的人会在全校广播中被点名，而"重犯者"则会受到清扫鞋柜、清扫厕所等惩罚。

在校长看来，这些"成果"都因为一个暴走死亡事件而全部破灭了，实在是太遗憾了。

"基本上，有不良行为或者引起事故的就是那一类孩子。"校长这样说道。他所指的是那些成绩在中下以下、完全没有存在感的孩子，意志薄弱而盲从的孩子，以及"不听老师话"、没有责任感的家长的孩子……校长一一列举着"适用条件"。

"A同学一年级的时候进了棒球部，但是没什么毅力。不来训练、迟到、觉得没意思，后来干脆就退出了，是他自己的问题导致了他的堕落。那些游手好闲的人聚在一起，哎呀，小人闲居为不善。没一件省心的。"

工会参加率最低 爱媛县是全国率先引入业务评定制度、着手"正常化教育"的地方。我们一行奔走于爱媛县的教育前线，去亲眼看看这里的世相。随后，我们又将采访范围扩展到了栃木县。一九六〇年左右，也就是经济增长越来越显著的时候，这里的日教组成员高达一万零十七人，教师百分之百都是工会成员，栃木县颇以此为荣。如今，成员实际人数仅两百多人，教师参加率属全国最低水平。日教组总部每年不得不向县教组投资数百万日元，才能勉强维持组织的运营。

在这所超过了爱媛县的"成功达成'正常化教育'"的栃木县的学校里，我们先是遇到了刚刚介绍过的这位校长。这位校长认为，非常不应该把学校牵扯到A少年的死之中。同时，在我听来，他似乎还认为，会产生像A同学这样的暴走少年，也是没有办法的事情。在这个位于桑树田和大型工厂混杂的城市里的初中，到底进行着怎样的教育呢？这里的老师是如何进行教育的呢？带着这些问题，我们在绢中学的周边展开了采访……

学习不行就去搞体育

全员合格　发生了 A 少年摩托车暴走死亡事故的栃木县绢初中，但凡想要考高中的孩子，百分之百都能考上，学校也为此非常自豪，而达成这一成就的秘密则在升学指导之中。

对此，校长如此说道：

"我们从学生一年级开始就会对父母进行指导。'你家孩子的水平大概是这样的，要是去考××高中的话万一落榜了怎么办？不能重考哟。'就这样说。到了三年级最后一段时间的时候，都已成定局了，不管能学会多少，不行的孩子就是不行。而且这一带的人，都觉得教育的事情就交给学校办吧……这种风气是很浓的。"

而让人们明白"定局"的工具，则是模拟考试。每个月，学校都会在周日进行两三次模拟考试，并会把前三十名同学的成绩贴出来，而有的同学，则需要在第二学期放学后进行补课。

"总之，只要有了清清楚楚的具体成绩，家长们就不会说什么了……"校长若无其事地说着，这让我们惊讶极了。

另一件让校长非常自豪的事是体育成绩。今年，该学校在关东地区初中生体育大会和县大会上获得了乒乓球、网球和棒球三个项目的第一、第二名。本来，今年也要像往常一样，把横幅绑在大卡车上进行游街庆祝，但就在这个时候发生了 A 同学的事故，庆祝活动只好延期举行了。

该学校之所以在体育方面会如此优秀，是因为校长主张"体育可以塑造人格"。按照校长的理论，正值成长期的少年们拥有许多剩余的能量，把这些能量完全消化了，可以帮助他们塑造人格，也可以防止他们做坏事。

"要是跟他们说'重视是为了防止你们做坏事'，那就不是教育了。我不去跟他们解释原因，只让学生们多去进行体育运动。老师们也很热心，为了能让自己的俱乐部获胜，晚上会训练到很晚。这都是老师们的无偿劳动呀。像其他那种日教组实力很强大的县，这种理念肯定是行不通的……"

家庭管理 当晚，我们拜访了某位老师的家。他家的接待室里摆着一座优胜奖杯，这是这位老师带领自己的俱乐部获得优胜后，学校后援会送来的感谢奖品。而在这位老师身旁还有一位老师，他作为地区辅导委员，会在负责的片区展开巡回检查。

"现在的孩子们，学习能力真的很差。我们站在讲台上，每年都感觉孩子们一年比一年傻。所以我经常跟孩子们说，能靠头脑获胜的话就去好好学习，不能的话就得学习和体育两手抓。"

校长也说："成绩怎么也提高不上来的话，有的高中会因为学生的体育成绩好而录取他，所以……"如此看来，鼓励体育运动，可以防止学生做坏事，还能提高学校升学率，似乎有各种各样的好处。

当我问及 A 少年的暴走事故时，他这样说道："那孩子呀，他的班主任知道了今年夏天他在骑摩托车的事情，就提醒了他，但没想到当晚就发生了事故，他的班主任因此非常消沉。不管怎么说，老师对于学生们的不良行为和事故是非常敏感的。"

所谓"非常敏感"，大概是因为如果自己班上的孩子出了什么问题，老师是会被追责的吧。

"但是，那是家庭的问题呀。事情是在家庭负责管理孩子的时候发生的……"老师这样说道。这位老师也跟校长一样，把A少年的死看作是孩子和家长的自作自受。

饭桶　仿佛是要穿破无尽的黑暗一样，长长的卡车队伍轰鸣着在县道上奔驰而去。借助着点点的光线，我们来到了A少年一位朋友的家。在桑树田的边上，建着一栋新的房子。父亲负责纺结城袖的线，母亲用机器织布，是这附近典型的搞副业的农民家庭。

"他们说A考不上高中，所以他就决定去上汽车职业培训学校，学习修理摩托车之类的。说他是暴走族，这都是大家的误解呀。"这位少年看上去非常具有农民的气息，他这样说着。

我们还去了另外一位朋友的家中。他一点点地透露说：学校里有位女老师，学生没写作业就会被她打；还有一位老师，体育训练的时候稍微没跟上，就会骂学生"你这家伙快滚吧！饭桶"。他是如何看待死去的A同学的呢？虽然我们很想知道这个答案，但是也许在这位少年心里，并不觉得自己与朋友的死有什么关系，只是侧着头说："这个嘛……"

与人脉和金钱有关的深深黑暗

在料亭①里的一晚　今年六月，栃木县小山市议会的一位保

---

① 日本的一种价格高昂、地点隐秘的餐厅。一般而言，高档料亭只接待熟客，第一次光临的客人须由老主顾引荐才能入内。

守派议员，进行了一次与众不同的曝光性质询。五月八日，在茨城县结城市内一家名为结城窗帘的料亭里，小山市议会的议长与碰巧在此与 PTA 干事们共同进餐的两位小学、初中校长打了起来。

事情的真相不得而知，但大部分谣言都说，是因为喝醉了的议长对校长们说，"是老子让你们当上校长的，但是市里议会选举的时候，你们可什么都没有做"，进而引发了这场骚乱。听说，在这次事件中被打的其中一个人，就是发生了 A 少年暴走死亡事故的绢中学的校长。因此，我们非常关注这个背景事件。

在小山市内的各所小学、初中里，除了 PTA 之外，还有地区自治会组织，以及没有孩子的家庭也可以加入的学校后援会组织。它们的工作主要是为学校举办活动筹集资金，很多干部都同时兼任地区自治会委员。但是，到了选举的时候，后援会就会和 PTA 一起，早早变成市议会重要的票仓。而校长则因其对 PTA 和后援会的影响，成为市议会能否拿到这一票的节点——有位市议员把这个"常识"讲给我听，并说了如下证言：

"市里面二十六个小学和初中的校长，哎呀，有二十个人都跟保守派那个元老脱不开关系。不管怎么说，那人可是在教育委员会那里很有发言权的，可以左右校长任免的人事问题，还会管管教导主任下面的老师们的人事问题，学校想要获得预算资助也得找他。他跟校长们是互相利用的关系呀。"

有野心的人 而另一位市议员所说的内幕，更是让我们吓了一跳。这样的证言无处可以求证，我们既震惊又不愿意相信。但出乎意料的是，市议员却非常平静地跟我们说：

"用钱来左右教员的人事调动啊，这已经是非常普遍的事情了吧。我有一个非常熟悉的老师，四年前从市外一所学校的教导主任晋升到市内一所学校的校长的时候，给了X（一位与教育相关的握有实权之人的名字）几十万日元。普通老师升任教务主任、教务主任升任教导主任的时候，也都是直接拿给X，跳过了校长的环节。现在呀，想要从周边的农村地区往市里面调，没有关系可就难办了。"

而我们接着又从另外一位市议员那里听到了接下来的话。这位议员先是告诉我们，这是他在今年春天，在市议会议员选举正在紧张进行的时候亲眼所见之事，绝非谎话。

"在市西南部的农村地区，一位已经定好了要调走的老师一家家地进行上门走访。被老师探访的人家不但要给老师准备青团，还要在老师临走的时候送上红包。我听熟人说，红包里包着两千日元。虽然大家总说老师们没什么野心，但那大概只是限于在教室里吧。花出去的都要收回来，在这方面，老师也毫不退让哟。"

对于这样的"证言"，有位革新派的市议员说："那是几年前的事了。因为现在的市长要努力清除教育界这种不透明的人事问题……"现在的市长，是在革新派和保守派两派的共同推选之下成功当选的。

恩情　接着来听听那位被打了的校长的故事吧。"是我让你当上校长的……这句话是对小学校长说的。我是因为上前阻止，所以被打了。"初中校长先是向我们澄清了事实，然后说道：

"当上校长，总是对市议员们怀有感恩之情的，所以平时就会在后援会之类的地方帮他们宣传。平时只要在这个区域处理好了，就不会因为要选举了而慌慌张张。"

在县里其他的市里，我们还听说，就连普通的教员也因为人事的事情给教育委员长送了商品券。而当我们把此事告诉校长的时候，他这样说道：

"好像确有此事，我们这儿大概也有吧。也有普通老师去找市议员或者教育委员长的。有个女老师接到了工作调动的通知，就通过市议员跟我说她不想去。这样的事情也是有的……"

说完这个，校长好像想起了别的来，突然说道：

"大概，老师们也不知道身份地位是怎么分的。普通的公司里，都是给股长或者课长送礼就行了。这种直接给教育委员长送礼的，就是没搞懂层级。更何况不是送了就有用的。我们年轻的时候，到了圣诞夜，会把小鸡宰好，和葱啊、香菇啊、魔芋丝啊之类的摆在一起然后再让老婆送去。好事送上门，这才符合礼节呀。要是放到现在呢，就是鲑鱼洄游来，把它当年节的赠礼。生鱼片和腌渍的哪个好？当然啦，生鱼片才是稀罕物，金钱上的价值是不一样的。说到底，还是人心的问题呀……"

随着采访的深入，我们感受到，在少年 A 沉醉于摩托车的快感而亡的背后，隐隐约约闪烁着成年人的欲望。

— 崩坏的病理 —

引发连锁反应的放任主义

干部斗争 说起枥木县的教育界就得提起这个人物，宇都宫市教育委员长，立入隼人，七十岁。他从教育委员会实行公选制的一九五三年起，连续六届，二十三年间一直在这一岗位上。放眼全国，这也是很罕见的。

教育委员长的办公室位于市政府的辅楼上。委员长头发花白，因右脚不便所以拐杖不离手。他虽是个小个子，嗓门却很大，操着一口北关东地区①独特的尾调上扬的语调：

"日教组的那帮家伙，连国策也敢反对，竟敢举着反对业务评定的牌子来抗议，那我也不客气，就和县里的教育委员长联手，坚决施行了。在法治国家，忠实执行法律就是行政官员的工作，这不能算镇压。反而是县教组那一方自己不断后退了呢。与其说我们赶尽杀绝，不如说是工会自己解体了。"

引爆了爱媛县的围绕着业务评定展开的攻防战，在一九五八年波及枥木县。但是，即使询问当时任教职的人们，他们关于业

---

① 指茨城县、枥木县和群马县三县，偶尔也会将埼玉县算在内。

务评定的斗争的记忆却也并不深刻。

"工会下指令说要在县政府门口搞示威，叫我们都去，我们就都拥着去了。"就是这种口气。

一同参加示威集会的栃教组执行部的五人，在工会总部所在的宇都宫市内教育会馆旁搭起了帐篷，并开始绝食。

"那是夏末的时候，晚上已经有些冷了。虽然日教组采取了抵制授课的斗争方针，但实际上，这在栃木县当地是做不到的。这是执行部的判断。所以才会变成只有干部绝食抗议……"时任秘书长的塚原典夫，五十九岁，回想起那时的绝食抗议说道。虽然他在不久之后当上了委员长，但在工会整体崩溃后的一九六四年，他把委员长的宝座和教职统统舍弃，踏上漂泊的旅途，就此从栃木消失了。

我们拜访了在东京国铁中央线高圆寺站附近经营着一家小型建筑公司的塚原先生。他见到我们时不禁发出惊讶的声音："你们竟然能找到这里来……"

"栃木从来都没有真正的工会活动。我从日教组本部的副秘书长任上回到栃教组时的工会，无论何事都是工会干部同县教委商量着解决的。在教育一线也是由校长来担任支部长、分会长，是'校长工会'。"

就在工会干部绝食抗议的时候，县教委开始强行实施业务评定。绝食抗议持续了三天，一线的教师们却好像无事发生一般，度过了那个秋天。

动摇 一九六〇年春，国会中围绕安保①的论战越发高涨，

———

① 指一九五九年至一九六〇年的反对签订《日美安全保障条约》的运动。

议事堂周边开始连日出现请愿游行的大潮。被强行要求业务评定的枥教组，在那个四月，开始了用法律手段夺回老师值班补贴差额的运动。当时，地方公务员的值班补贴是一次三百八十日元，但枥木县却只支付一百八十日元。

"原本看到高举红旗的运动就要逃的教师们，却愿意参加这项运动。被业务评定浇灭的士气只能靠这项运动来恢复。"这是当时工会干部们的判断。虽然，让教师每个人都去当原告这个想法有一定道理，诉讼所需的材料费也会由工会出，但这也只不过是用上层命令统一了大家的步调而已。不仅如此，这项诉讼斗争还成为了后来工会崩溃的导火索。

那时，县教委已经开始在各地给中小学校长开设培训讲座，并在席间传达了这样的意向："作为管理责任者的校长如果加入工会，就没法履行职责了。我们不得不考虑一下各位当了工会成员的校长的人事问题。"校长们开始动摇了。诉讼开始的时候，受到上层指示的校长们就站到了灭火的那一方。

"身负教职却要与县长打官司，这成何体统？如果不撤销的话，那么在人事安排上就会被穿小鞋……"陆续有学校接受这种说辞，以少数服从多数的形式，整个学校队伍都脱离了战线。很快，这种步调混乱的状况就引发了教师退出工会的连锁反应。

县南部的某小学，校长印刷了退出申请书，在教职工会议上分发，让大家签字。宇都宫市内的某小学，校长在教职工会议上找大家谈话，让大家退出工会。既没有主动要退出的意见，也没有反对意见，就以全权委托教导主任等领导的方式，最终全员退出了工会——这种事情到处都在发生。

一声令下　在与业务评定进行激烈抗争的爱媛县，我们见到了很多那里的教师，他们至今仍对同僚纷纷退出工会的情形感到不可思议。某人曾对我们讲述他的经历。

在开始大批出现退出工会人员的某一天，工会支部召开了集会。教师们都集中在会场的后方，前方有很多空座位。于是，支部的领导突然发号施令："全员起立！向前进！全体停止！就座！"教师们依照号令行动了。

"是说坦率好呢，还是说没有主体性呢，那就是象征着教师的特质的场景。在那之后，那些家伙也都退出了……"

我们想要从栃木县教师的经历中，找出教师们的某种特质。就在这时，我突然回想起了说这些话的爱媛教师的面庞。

一幅裹挟着人性软弱转变的图景

风光时代 业务评定斗争最激烈的一九五八年秋，在宇都宫市的教育会馆一旁支起的帐篷里，栃木县教组的干部正在进行绝食抗议，那五人中有一位人高马大的青年——井上勇雄——是从那须郡的小学升任县本部的青年部长。他历任薪资对策部长、组织部长、副秘书长。到一九六二年春季回归一线为止，他一共从事了九年的专职工会活动。

县教组如今已沦落为一个仅有二百人左右的少数派，但仍同往昔一样将本部设立在古老的教育会馆中。翻阅资料后，我们在业务评定那段时期的干部选举公报中发现了他的竞选演说词：

在今后的工会运动中，我们要明确是什么阻碍了我们实

现诉求，我们必须与那些障碍（重整军备）正面对决……（一九五七年）

今天，我们的运动是在与反动势力的激烈对抗中进行的，我们必须要筑牢组织发展的基石……自我批判是前进的要素。（一九五八年）

形势越是严峻，工会成员互相之间讲真话，搞清本质推进运动就越是重要。为了制造大浪潮……（一九五九年）

那是一个风光的时代，工会有基本盘能把成员送进国会、县议会、市町村议会，也有不少人将之当作进入政界的跳板。但是，当因业务评定而导致的退会时，执行部内部马上产生了裂痕。

企图　"井上君口才好，人也机灵。总是发表很强势的意见。但是，出现有人退会后，他的态度就变了。传言他开始挥霍钱财，有关于男女关系的风言风语，更有传言说他暗中与县教委勾结。"（原委员长，退职）

"会议的内容第二天就被县教委知道了。因为他很有嫌疑，所以重要的会议都把他排除在外了。"（日教组本部的组织干部）

"他曾和一个副委员长联手，策划成立一个新组织。"（塚原典夫，原秘书长，后任委员长，退职）

"本就不是一个能发动很强战术的组织，从日教组本部中执[①]回来的塚原秘书长却非要走强硬路线，结果事态就升级了。县教委看到后觉得这样不行，于是就来压制，不断有人退会。这要怪

---

① 即日本中央执行委员会。

看不见的牢笼

塚原，所以我准备竞选秘书长。井上君一开始是塚原派的，中途倒戈到我这儿来。结果又传出我和县教委勾结的谣言，引来非议。这样下去对工会可不好，所以他和我都退出了。"（原副委员长，现小学校长）

我们见到了井上先生本人。

"一旦出现退会，那真就像雪崩一样。每天，我桌上堆满的退出申请书就像山一样。这样下去可不行，所以我从某个时期开始就考虑要改变战术，但却为时已晚。钱都被秘书长拿去打点社会党的人了，因为他想竞选国会议员，这事也不能摆上台面。我可没干过亏心事，从没策划过要搞别的组织。我是背着所有黑锅退出工会的，就是这样。"

干部之间的说法都有一点龃龉。他们究竟有什么企图呢？

至少，呈现在人们眼前的不是一副光明正大进行战斗的工会形象。一九六二年三月，井上退出工会的时候，退会者已达五千六百人，超过半数的成员都从工会中逃跑了。

破格晋升 回归教谕之职后，井上的第一个任职地是日光市。宇都宫市教育委员长立入隼人说："他说无论如何都想去一线，我也去找了，但是那会儿人事安排都结束了，已经没有空位置了。结果县知事亲自来跟我说'他的事你要上心啊'。平常哪会有知事来说这话？所以我才去拜托日光那边的。"

同县教组切断关系后他立刻"向右转"了。在日光市的市长选举中他支持了自民党系的候选人。自民党众议院议员、青岚会的W氏，成了他的"同乡、同窗的亲密前辈"。

曾在帐篷里绝食抗议的井上副秘书长，现在成为了鹿沼市的小学校长。当上校长的时候，井上四十八岁。也有人诧异于他的

181

晋升速度之快。如今，他这样说：

"和别的劳动运动不同，教员工会要为孩子考虑，推进时必须顾及和孩子们的关系。包括我在内，欠缺了这一点，这是失败的一个原因吧。不仅是干部，工会成员中又有几个人在这场运动中是真正在为孩子负责的呢？工会里没有人讨论孩子的事情，这就是弱点。还有，退会开始时，他们逃跑的速度可真快呀。这算是洞察时机的敏锐呢，还是人的脆弱呢？不能简单地以一句'县民的素质'就概括了，那么，究竟是什么呢？我一直在思考教师的内部究竟有什么呢。"

算是评论呢，还是自我批判呢？我们听了这番与他转变的心路历程对不上号的雄辩，却看不透他的心境。

— 沉重的锁链 —

顺从"不录用杠杆"的教师培养法

成为教师之路　接下来我将要报告一位栃木县女教师的工作生活情况。如实描写将会对她本人不利，所以我将她的名字、年龄及其他细节写得与事实有些许出入。仅从此县的情况看来，教师的世界中存在着微小又隐蔽的纠葛，甚至连思想信条、表达的自由都难以得到保障。

栗村敏枝，二十九岁。每天早上五点多起床，先把三岁和四个月大的两个孩子送去托儿所，然后去 A 市的小学上班。傍晚，由丈夫或是她自己，有空的一方去接孩子回家。她也忍受着如今日本年轻的双职工夫妇都能体会到的艰辛。

"即便如此，和那时候相比，现在算是安稳些了，这也算是……"她一边抱着小婴儿，一边说道。她算不上美人，但目光澄澈，是位富有魅力的女性。

敏枝女士的苦难日子是从她还在宇都宫大学教育学部当学生的时候开始的。一九六八年，正值修订的小学学习指导守则开始强调"培养国民性、国家意识"。那年春天，大学里组织成立了学生社团"教育科学研究会"，已临近毕业季的她也参加了。社团开展了学习新版指导守则的公开学习会。

然而到了十月，公布教员录用考试的结果时，包括敏枝在内的教科研社团全员都没有被录用。引入业务评定之后，枥木县是从一九六〇年的安保斗争——经济高度增长的时期开始，才出现了宇都宫大学教育学部出身的学生不被录用的情况。

一开始，不被录用的都是学生自治会的干部，随后范围逐渐扩大，儿童文化研究会、英语研究会等的社团成员中，也陆续开始出现不被录用的情况。敏枝老师未被录用的那一年，所有担任过自治会执行委员、中央委员的人，还包括社团成员，一共八十四人被拦在了成为教师之路上。

警察的阴影 大学教育学部的招生人数，是根据那届学生毕业年度的儿童、中小学生人数以及所需教员数等计算得出的。因此，除非有重大的不合格原因，志愿当教师者都能踏上教师之路。然而，出现大量不录用的情况又是怎么一回事呢？

"和我一同参加教育实习，中途得了神经衰弱而放弃实习的人，最后被录用了。""考试得了八十分的人被刷掉，交白卷的人却通过了。"当时，在学生自治会里参加活动的学生有着这样的经历。

某日，宇都宫警察局的公安刑警①来到他家，对他父亲扔下一句"你儿子要是参加自治会，就绝对不会被录用为教员"，就回去了。他父亲很担心，就瞒着儿子找认识的县议会文教委员长商量，结果那人也警告他说："参加自治会可不行，连社团也不

---

① 在日本有公安搜查厅和警视厅之分。警视厅是负责首都东京地区治安的机构，而公安搜查厅则是日本法务省下属的反间谍侦查机构。

行……"

"不录用者的'合格名单'并不是由县教委单独收集的。自治会干部自不必说，就连只参加过几次社团活动的成员都一定会被刷掉……"现在在私立高中工作的他，认为不录用的背后存在着警察的身影。

那一年，敏枝等教育学部的学生进行了许多抗议活动，他们罢课、在县教委门前静坐，要求公开合格判定的标准和成绩。但是，这些要求一项都没有实现。不仅如此，针对自治会、社团成员的不录用，还扩展到数学教育研究会的成员、以志愿者身份为视障人士翻译盲文的组织和手语俱乐部成员、大学祭①执行委员等。

"比如说，先针对教科研连续攻击两三年。只要是成员就基本肯定不会录用，所以学生们就不会再去参加了，变成开店歇业的状态，接着再集中刷掉数学教育研究会的成员，就这样一个接一个地把社团活动搞瘫痪。"敏枝如是说。

关东流浪者 目睹了这种神秘的阻断，越来越多的教师后备军见到社团便唯恐避之而不及，对团队活动心生戒备，变得缺乏伙伴意识，好似一盘散沙。也可以说，正是这种做法，培养了总是对上层察言观色、一心只想着自保和晋升、一味顺从的教师。

如此一来，虽然不被录用的人不足百人，但却隐藏着巨大的影响力……

---

① 日本大学里的文化活动，多为每年举行一次。大学祭从筹划到实施都由学生全权负责，学校扮演协助、支持的角色，且多以对外公开的形式举办，具有很强的参与性和互动性。学生借此施展才华，学校借此宣传校园文化。

于是，敏枝等那一年未被录用的人们，只好流入了埼玉、千叶、东京等关东附近的县市。敏枝也第一次离开父母身边，到埼玉县靠近群马、茨城交界处的一所小学，踏出了教员生活的第一步。

对年轻女教师冷漠的机构

欺负媳妇　流浪教师栗村敏枝在新任职的小学，首先就受到了同为女性的音乐教师的算计，就像是新媳妇被婆婆欺负一样。赴任的那年秋天，敏枝在准备音乐汇报会时，那个中年女教师对她说："你是四年制大学出来的，会弹琴的吧？"然后命令她担任高难度的钢琴伴奏。敏枝说："我不会弹。"对方就大声训斥："你可不是兼职打工啊！"

敏枝很苦恼，去找校长商量，却又被校长欺负了。他从桌子的抽屉里拿出一本笔记本，边看着边说："×月×日，我讲话的时候你却揣着手啊。×月×日，你一边挠头一边上课……"上课挠头是因为她前一夜直到凌晨三点都在准备教材，所以身体不舒服。校长却不问理由，批评她"态度"有问题。

"你中元节①时给校长送礼了吗？看吧，该送礼却不送，才会被特殊对待的。"前辈女老师的这番话，更令她震惊。敏枝想回

---

① 日本会在中元节（日本各地的举办时间稍有不同，多集中在阳历七至八月）返乡祭拜先祖。常见的中元节赠礼多为啤酒礼盒、点心礼盒、香肠礼盒等。

老家枥木县的心情越发急切，便又和那位前辈商量，前辈却若无其事地说："容易，六万元就可以了。三个人每人两万。"

敏枝老师三年后终于回到了心念的故乡。虽说都是在枥木县，从家里通勤却要花上一个小时才能到靠近福岛县边界的小学。那一年，她与从学生时代便相识的丈夫结婚了，之后怀孕。她一边当心身体状况，一边上班，每天能和孩子们交流是她的快乐。某天，在准备学习成果汇报会时，她被要求去操场上打桩，一直打到傍晚降温时。回家后，她出血倒地。

"压迫早产，不立刻住院的话会有危险。胎儿能不能保住不好说。"敏枝听到诊断后两眼一黑，被抬进了医院。总之要先跟校长说一声……她痛苦地喘着气拨通了电话。

"真麻烦呀。明天不是家长参观日嘛……快点让你丈夫来说明一下情况。"听筒对面传来校长冷漠的声音。听闻此事后从出差地赶回来的丈夫，首先去的地方是学校。

口述填写　三月。虽然临近学期末，但她仍被要求一定要静养。但学校打来电话说："不填写通信簿可不行。快过来拿。"

"那时候可真是不知怎么办才好……结果，我让丈夫去拿了，由我口述，丈夫填写好了再送去。学校没有帮我送来，也没关心过我的病情。只一味责骂我，说我为什么不主动联系学校……

"终于，长子出生，我也松了一口气，结果学校又打电话来说，'来拿工资'。我把婴儿托付给别人，乘出租车赶到学校门口，校长大声说：'你让出租车等着真是太没常识了。你不去向替你代课的老师道谢吗？'"

她非常担心还没吃奶的小婴儿。但是，校长才不会管这些，命令她在代课教员下课前整理好材料。她整整工作了三个小时，就为了向代课的老师说一声谢谢。

黑暗的路 没有多少学校会用温暖的眼神迎接休完产假归来的女老师，这是日本的现实。即便如此，敏枝老师在产假后上班的第一天，就被教务主任留到了晚上近七点。"你和你丈夫都没常识……"她又涨奶又头痛，但也只能忍着，认真听主任训话，泪珠在眼眶里打转。

"教务主任问我：'你怎么会去埼玉上班的？'明知道我在栃木不被录用的事情，拐着弯地讽刺我。也许是因为我早产所以休息得更久，令他不满意吧。"

她父亲希望女儿去离家近一点的地方上班，走后门向自民党的市议员求助。这招见效了，敏枝老师终于被调去了市中心的一所小学。调任之际，市教育委员长面试她。教育委员长在面试之后，提醒了她一句："只要还有参加工会、摇红旗的家伙在，日本的教育就好不了。只要还把老师叫成劳动者，就不成。"

调任教员们都垂着头，听他演说。敏枝老师虽然不是工会成员，但她回顾自己走过的这条阴湿黑暗的道路，想到这条黑暗的路还要无限延伸下去，不由得叹了口气。

是荒废的无底沼泽吗？

女年级主任 在栗村敏枝老师调任的 A 市小学，四十五位教师中除了校长、教导主任、教务主任等六人外，其他全部都是女老师。敏枝老师第一次带一年级的班，很有干劲。但是随着时间流逝，她沉思苦想"这样真的好吗"的日子变多了。

一年级的年级主任是一位中年女教师，算是个美女，干事很利索，很得校长的喜欢。就算是一年级，考试也是一次接一次。算术考试是老师说开始就开始做计算题，然后老师拿着钟表记录每个人完成的时间，在家长会的时候逐个公布："您家的孩子是第……"

暑假的时候，也给幼小的孩子们布置了繁重的学习任务和作业。"小孩子自己肯定是做不完的，父母当然会帮忙。"主任像是自言自语似的说着，敏枝老师听了之后很吃惊。主任把那些作业拿来，匆忙地用红笔写下短评，在第二学期初的家长参观日时放在教室里展示，又获得了校长的表扬。

"从表面上看，是个热心的好老师，但若要真从孩子的立场来看，能不能算得上是位好老师就不好说了。在我看来，这些都是做给校长和家长看的……"

不管敏枝老师有没有疑问，主任依然拿了很多市面上卖的测试题和打印的练习题。"全年级要步调一致"是主任的口头禅。她时不时要检查授课进度，并且还有全年级统一测验。所以，不按照教科书推进课程的话，孩子们就太可怜了——敏枝老师想要用一些自己的教学方法，却被那种步调裹挟着，很是苦恼。

红宝书　来到这所学校后，让敏枝老师震惊的事情是，学校把教科书公司制作的教师用红宝书堂而皇之地列入预算，在学年开始时统一购买、配发给全员。所谓红宝书，就是按照教科书的内容，仔细展示授课方式的"秘籍"。

例如"在这里提问××"，只要有了这本解说书，门外汉也会教课。自己仔细编写教案，在教材上花功夫吸引学生听课，让他们听明白——这才是教师最费心力的地方。同时，正因为如此，这才是一份有创造性的工作。对这样的老师来说，红宝书应该是无用的。

然而，这所学校让全员都拿着红宝书，把它当作学年末需要移交的物品进行清点，是"必需品"。

"与其变成一个照着红宝书说话的教课机器，不如不当老师。然而，几乎所有老师都对此反应平淡：'这么方便有什么不好的。'我对这种老师全体的感官麻痹感到恐惧……"

敏枝老师时不时感到气愤，但转念一想也不过如此，持续着这种忧心忡忡的日子。

彼岸 然而学年末的时候，她目睹了更忧心的事情。某天，年级主任给了敏枝老师现金一万五千日元，并说道："这是给你当一年级班主任的纪念。去买点自己喜欢的东西。"

出入学校的学习用品销售人员给老师回扣，这件事现在在学校里似乎已经变成了许多老师的共识。这所学校也是如此，考试、练习用的材料以及教材等，无论购入点什么，都会有百分之五到百分之十的回扣，以学年为单位交给主任。尤其是一年级的学年回扣更是多。体操服、算术用具、时钟的模型、尺等组合起来的套装、绘画套装……因为从家长的角度来看，事实上很多都是没有选择余地的购入品。

在这所学校，各年级会把这笔钱存起来，用作年级开会时的茶水费，有时也用作餐饮费，而一年级的回扣则多到可以给七个班级的班主任分掉。年级主任的女老师除了把钱分给各位班主任之外，还给校长用于出差。"以一年级老师的名义给了。"敏枝老师只是在事后听到过这样的报告。

　　"要是用回扣的钱，午饭吃了炸虾，那么也会端一份给校长。这大概会成为主任的加分点……"敏枝老师面对着现金陷入沉思。

　　学校已经麻木了，教师们也已经感觉不到孩子的缺失了吗？我要怎样才能从这无底的沼泽中爬上去？抱着同样的烦恼，以一个教师的样子活下去的盟友在哪里？即使是作为少数派被迫害，我是否应该加入工会的战线呢？敏枝老师正注视着光照的彼岸。

— 和 X 先生的对话 —

只顾自保、迎合思想的算计

送礼 我们从栃木县的中小学教师那里，听到了无数夹杂着叹息和啜泣的悲喜剧。例如，一位年轻的女教师曾告诉我们这样的事情：那所小学将很多善行当作目标，如"对人打招呼吧""把垃圾捡起来吧""整理一下鞋柜吧"……这本身并没有什么问题，但是老师们却害怕校长的检查，做了只有表面功夫的"账本"。

"毕竟都没有找我们谈过话，就说从今天起要这样指导学生，只是单方面给我们下达很严格的指令。虽然也有不少老师在背后怀疑，这种只做表面功夫的善行究竟有多少教育意义，但是如果不配合的话，就会在教职工会议上被点名批评，还有人在家长会时被中伤，一度失去了家长们的信任。所以，只能先把孩子们管教起来……"她虽然也不认同校长的方针，但是只得驱赶着孩子们，保持步调一致。

"不管我觉得这事有多奇怪，总不能对孩子们说'都是校长搞的麻烦'吧……这要是说漏嘴了可就没法子收场了。真心累啊……"她歪着脑袋说道，"有次上课，我被正在巡视教室的校长说'入口的门槛很脏'。我只能中断上课，在孩子们的面前打扫起来。"

"校长把我们当作为他自己提高成绩的仆人。在我看来就是这样。"她这样慨叹道。在这种老板与下属、主人与仆人的关系中，这所学校里没有一个老师不在逢年过节时给校长送礼。她也每次都在附近A市的百货商场里买礼品。

"校长到了节日时就会出现在办公室，说'××君给了我上等的威士忌呢'，简直就是公开催我们送礼。要是只有自己被针对了可不好，与其在申请年假的时候被摆脸色，还不如花钱消灾……结果就是形式上大家都送礼了。"

思想倾向　校长与教师的关系，这样真的好吗？如果单凭一句"教师的世界也和社会上的一样"就能说明问题的话倒也可以，但是，如果连教师的眼睛也只一味地向上看，那就会发生这样的事情：

这是在B市的一所小学里发生的事情。县教委访问学校时，决定由某位中年教师上思想品德的公开课。公开课可是关系到业务评定的大好展示机会，无论哪里的教师都会精心准备教案，但那所学校却把"指导主事的思想倾向"作为编写教案的基准，把负责评定业务的指导主事持有哪种思想、喜欢哪本教材、以前给怎样的课打高分这些情报作为参考，在制订授课计划时迎合他的喜好。

于是，中年教师在思想品德课的教材中，插入了一段某位已故著名学者的传记。其幼年时代有这样一段故事：

　　　　他生在贫苦之家，但学习很优秀。某天，同班的皮大王对他说："放学后等着，我要收拾你。"班里的孩子们都向那少年低头，只有他一人不服从。他反击道："我没做错什么，你有什么不满的在大家面前光明正大地讲出来。"第二天，他在老师和孩子们的面前说了前一天发生的事情，请大家讨论。老师表扬了他的行为，说："这是有勇气的态度。保持不向恶势力屈服的勇气是很重要的。"

喜剧悲剧　听了这份教案的同事中有人提出疑问："把那皮大王单纯地当作坏人，这样好吗？那孩子也许有着他独特的吸引人的魅力，也有可能是被那个当好人的少年从伙伴们中孤立出去的……"他却说："这是文部省参考资料里的，而且这次来的指导主事就喜欢这种。"就这样，到了上课当天。然而，在指导主事等人面前，孩子们却对这个故事丝毫不感兴趣，没有一个发言的。课程就在这冷淡的氛围中迎来了下课的铃声。并且，在课后的研讨会上，指导主事直截了当地说："这个材料是好早以前文部省的参考资料啊。觉得只要是文部省的就错不了，这种想法可不行啊。"

这种迎合若只是教师表演的喜剧的话倒也还好，但是，如果在教师之上，始终有管理权力的阴影重重地笼罩着，时时刻刻左右着孩子们的教育内容的话，那不就变成了无法挽救的悲剧了吗？我们心里很不是滋味，便拜访了 X 先生。

蔓延的"看看我"主义

教师优先　在结束爱媛县的采访之后不久，我们获得了爱媛某中学的内部资料。今年十一月中旬，有县、市教育委员会的指导主事到访那所中学，在那里召开了研究汇报会。这份资料具体说明了到开会前最后一天为止，如何培训全校学生礼仪和打扫校内卫生等事项。

资料显示，从汇报会前十天起，学生会"主动"开始检查全校学生。制服、头发、姓名牌、徽章、鞋上的名字、鼓励打招呼……校内的清扫整顿也是由"学生自己的手"大张旗鼓地向前推进的。整理鞋柜和厕所的拖鞋，操场除杂草，检查公告板上的错别字，清除涂鸦，拖地，扫尘……

学生会每天检查这些项目，每个班都在有二十六项内容的检查表上，用与成绩单上一样的五分评价法进行打分。计划在（开会前）最后一天放学后，完成所有目标。

当然，教师们也各自进行检查。负责检查鞋柜的教师手上的"违反人员名单"上，有连续几天都是一分的少年们，可以想象他们在开会前被老师狠狠训斥的情景。

"为什么教育委员会来，就要搞这么大动静作秀给他们看呢？简直是教师为了自己的业绩，而把孩子当成了道具。"我们讨论着自己的感想，觉得这和栃木县的教师在上公开课时迎合指导主事的例子一样，都是出于同样的想法。不是从孩子的立场出发，而是优先考虑教师的立场。

"全国各地是否都有这样的性质？'是孩子们自愿的……'到处都能听到这种话。不过，专业人士一看就知道这是教师安排的。"X先生如是说。

"有礼貌"竞争　然而，为什么"正常化"县都要竞争"美化""有礼貌"呢？我们关心的是这个问题。

"以前在教师之间就有'学校的好坏看厕所便知'这种说法。近年又开始说'看孩子们的表情便知'，这也是一部分。如果孩子们都愿意去打扫人人讨厌的厕所，那么这所学校就差不了。如今这种以看得见的形式来作为评价基准的风潮很兴盛。换言之，这种思想就是，形式是一事顶万事，能展现教育的内核。"

这样说来，我们收集的材料中有这样一篇文章，是爱媛的某位校长写的，其中有这样一段：

> 不打招呼的孩子，不学习，也不爱惜物品。这是因为他们没有感谢、尊敬之心，打招呼是感谢和尊敬的表现。然而，有人认为"有打招呼的心，那么放着不管也会打招呼"，如果抱有这种想法，小孩子就永远不会打招呼。礼仪要从形式开始。在整顿形式的过程中，也自然培养了心理。没有行动，内心就无法成长。

首先，无论何事都要先有形式。我们到达"打招呼""厕所打扫干净"这些现象的过程，不正是教育该做的事情吗？但是，X先生对此给出了具体的解释。

热衷、集中　都内某小学为了迎接即将召开的学艺会，孩子们手忙脚乱地进行着准备工作。二年级在教室里拼命地制作着表演连环画剧要用的大版瓦楞纸。

标题是《蟹昔》①。孩子们为了使自己画的螃蟹能让家长们认得出来，一个个目不转睛、乐在其中。

"小孩子呢，只要碰上了一个课题，能够自己动脑、动手，做一件具体的什么事情，那就会全心投入，不用你叫他们安静，他们也会集中注意力安静的。怎么引导孩子去做这样一件具体的课题，这才是教师的工作。孩子通过集中精神做课题，克服困难，就自然会明白安静的重要性。"

听了Ｘ先生的话，我们这样思考。有一句话叫"看看我"。把教育的精力都放在"看看我"上，孩子们有可能就会变成只能在"看看我"中意识到价值的人。衡量价值的尺度不是人如何生活的，而是处在什么样的地位，如果这种"看看我"变成了社会的尺度，那将会是事关我们未来的问题所在。

横行的伪教育理念

匍匐前进 Ｘ先生的身边有这样一位老师。他是一位年近五旬，眼看着即将当上教导主任的男老师。这位老师对校长的态度是好得不得了。放学后，一察觉到校长室的门打开，校长准备回家了，他就走出办公室，穿过走廊，临到玄关开始小跑起来，把

---

① 日本的民间传说，又名《猿蟹合战》。狡猾的猴子欺骗杀害了螃蟹，螃蟹的孩子们找猴子寻仇，是一个关于"因果报应"的故事。这一故事被选入教科书后，螃蟹和猴子都只是受伤，并未死亡，同时，更强调了螃蟹们"齐心协力"的品质。

校长的鞋整齐地拿出来放好。接着把校长裤脚上粘着的脏东西，用指尖掸掉。这些都还算普通的。终于，他当上了心仪已久的教导主任，调走了。然而，这位教师却有着不为人知的一面。

不论在哪所学校，老师们总不厌其烦地说"走廊里不许奔跑"，但孩子们总要跑。他惩罚了跑的孩子，但条件是"目击证人有两人以上"，他称之为"民主"的方式。惩罚的方式是，从开始跑的地点到停下的地点，爬过去——即旧军队时代的匍匐前进。如果那个孩子是从厕所的木地板开始跑的话，那么就要在那沾满小便的地板上爬。"即使是女孩子也毫不留情面。"他颇为得意地说道。

教育就是规矩 这种使用旧军队式惩罚的管教主义，是什么时代的产物呢？岛崎藤村①在一九〇四、一九〇五年日俄战争期间，以长野县为舞台所写的《破戒》中，这样描写当时的校长：

> 照这位校长的说法，教育就是一种法规，郡督学的命令就是上司的命令。本来，他的主张就是按军队的风纪训练儿童，日常的举动和生活都要依据这个准则。像钟一般准，这既是他的座右铭，也是对学生的训词，并且用这种精神指导全体教职工。那些不明世故的青年教师口头上常说的话，在他看来不过是无用的人生的装潢罢了。②

---

① 岛崎藤村（一八七二至一九四三），日本诗人、小说家。《破戒》为其转型的代表作，也是日本自然主义文学的先驱作品。
② 本段译文引自《破戒》，人民文学出版社二〇〇八年版，陈德文译，第十一页。

读了这一节就会发现，教育世界的本质，即使换了时代也未见有多少变化。在爱媛和栃木的采访中，我们也见到了很多惩罚主义的实例。有老师因为学生忘了做作业就罚他写一百个汉字；有老师在孩子回家前用马克笔在手上画大叉；有老师让学生在走廊里罚坐……

据 X 先生说，最近在全国各地，都盛行着像是抄一百遍汉字这种作为惩罚的学习方式。把消化不了的学习任务，用惩罚的方式消化，有许多老师都把它当作一石二鸟的"学习的惩罚"。

"没有比这更折磨人的了。做了坏事，就让他学习来当作惩罚，这样下去不就会让孩子觉得'学习就是苦差'吗？所以，孩子们写'仁丹'的'仁'字时就先写一个单人旁，然后再在旁边写个二，完全就是以'单纯劳动'的方式在进行反抗。这已经不是怎么记汉字的问题了……"

国王的新衣 强制学生做这些事的老师，经常会说"这是为了孩子好"。并且，用以"为了孩子好"为名义的惩罚，来管理孩子。教师一方则可以在"美化""整顿""肃静"这些学校管理项目上加分，若是有这样一种结构存在，那么孩子就无法摆脱惩罚。

"那只是教师单纯的处世之术，却穿着看似教育理念的衣服，精心装扮后走在阳关大道上。也就是说，这是国王的新衣啊。"X 先生说。

安徒生的童话中有这样一个故事。骗子对喜欢漂亮衣服的国王说："穿上我做的美丽服装后有不可思议的效果，才不配位的人、笨蛋是看不见这衣服的。"骗子靠撒谎获得了订单。大赚了一笔的骗子让国王全身赤裸，还假装着给国王穿上新衣。国王心想，要是说看不见衣服，就会被当作笨蛋，于是装出一副看得见衣服的样子，就这样出门上街去了。下属和百姓也都不愿意自己被当作笨蛋，便都装作看得见衣服的样子，说"真漂亮的衣服啊"。然而，有一个孩子大喊"国王什么也没穿呀"，百姓们这才开始说真话，国王很是尴尬……

这个故事应该当成一种警告来读，自认为是拥有正当理念的教育者的国王，总有一天会被孩子们指出其实是一丝不挂的——X先生和我讨论了这样的内容。

在教师心中的重生关键

信任关系 在从松山市通往高知市的三十三号国道上，翻过海拔七百二十米的三坂山，就到了久万高原。这一带在地图上标着"景色虽好，但请注意陡坡、急转弯"，红叶还未成熟的群山山脊折了几个弯后延展开去。

现任久万町教育委员长的小椋秀雄今年六十八岁。他在爱媛的教育界度过了近五十年的岁月，以业务评定斗争为契机，参与成立了反对日教组的爱教研（即爱媛县教育研究协议会）并任会长，是县教育界的大人物。

"靠民主规则选拔出来的政党组成内阁，推进着文教行政的工作，那么当然要遵从。像日教组那样什么都要反对的，放眼世界也找不出第二个。连苏联对小孩子的管教也很严格。竟然还要反对国旗、国歌，简直不像话。"

小椋从头到尾都是猛烈抨击日教组的口气。这种语气和我们之后遇到的"正常化教育"的枥木县领导人立入隼人很相似。立入先生曾说：

"总的来说，日教组的纲领就是要制造革命战士。可是制造出那样的人真的好吗？那要制造出怎样的人呢？是要制造像外国人一样的人呢，还是要制造有日本人样子的人呢？这就是分歧啊。日本虽然战败了，但还是一个有传统的国家。我一直在校长会上指示，要培养能够好好继承这个国家的人，得把这个念头放在脑子里搞教育才行。"

不平等 年纪大点的教育界领导者，好像一说起教育就要开始攻击日教组。也许日教组自身也有其原因，但是，我们所关注的，还不止是这赤裸裸的表象层面。

现在，村镇里都洋溢着父母满怀期望的声音，希望自己的孩子能够每天聚精会神地听老师讲课，能把学的东西真正变成自己的东西，茁壮地成长。家长们在思考：我们对老师的期望是不是太高了？有人战战兢兢地把这些想法说了出来，也有人在心中愤懑不平。那是存在于政治和意识形态的层面之前的、虽微薄却又巨大的"人的愿望"。我们四处奔走着，去寻找能回应那种愿望的声音。

我们转变念头，再次倾听小椋教育委员长的话，话题终于转到了孩子身上：

"人生来就是有长有短的嘛。不是说有智慧的人就了不起，但适合当科学家的人就去当科学家好啦。健康的人就会朝着健康的方向走下去，总之要以这种长短为基础，要能善用这种长短。有十分的能力就发挥十分的能力，有三分的能力就发挥三分的能力。这个孩子要是想发挥也发挥不出来，那么，就让他朝着技术的方向发展，这不是能力高低之分，只是擅长的领域不同而已。日本是没有资源的国家，所以必须把日本人拥有的能力全方位地发挥出来，发挥出适合自己的能力才能让日本进步……"

生命力 这种对孩子的看法，是如何渗透到教育一线的呢？没想到，我们在爱媛、栃木听到了同样的慨叹：

爱媛的男老师（四十七岁）："说起办公室聊天的话题，大多是盆栽、性、轿车，偶尔会提到小孩子，那也是说'烂泥巴扶不上墙''我班上怎么全是笨蛋'——尽是些抱怨的话。考试不管考不考得出，只要将孩子们按五分法分好类，工作就算完成了。校长在行为举止方面对学生的管教很严格，但在学习方面却不太会多啰唆。每天都是这副样子，怎么会有教师能感受到自己的价值呢，至少在我的年级里是没有的。"

栃木的女老师（三十五岁）："老师们竟然都一脸平静地说着绝对不能被外人听到的话。指名道姓地说孩子'那家伙是笨蛋、杂草''真想看看他爸妈长啥样''那种家伙真没法教'……女老师也参与其中。我稍微提出质疑，她们就笑着说'你人也太好了吧''太天真啦'。这样怎么会感受到作为教师的价值呢？"

这两段话暗示了教师们内心深处无尽的荒芜。把跟不上的孩子当成破烂、杂草舍弃，从这一刻起，教师的生命里又如何还有闪烁的光亮呢？我们和X先生谈论了许多关于教师的形象，都认为使教育重生的关键，必定潜藏在每一个教师的内心里。

以自己的生命价值为原点

春天的一天 筱崎俊三老师（四十八岁），十三四年前曾在濑户内海的离岛小学里任教。虽然隶属于爱媛县，但从地图可知，沿着几个小岛就到了山口县的屋代岛或广岛县的仓桥岛，整个环岛不过四千米。

筱崎老师当三年级班主任的那年春天，县里发生流感，新学期刚开始，就不断有年级停课。某天，老师突然兴起，带着二十九个孩子去了附近的山上。那座山海拔仅三十米，与其说是山，不如说是高坡，但上坡的路却不好走。

班里有一个孩子患有小儿麻痹症。那孩子直到三年级，都不曾和大家一起远足过。老师背着那孩子，有时牵着他的手让他自己走一段。其他的孩子就围在老师身边，时而走在前面，时而走在后边，大家都轻松地爬上了坡顶。

南方的春天来得早。在温暖的阳光下，孩子们和老师围成一圈。"好，我们来唱《泥鳅和鲫鱼》吧。"老师教，孩子们大声唱。患小儿麻痹症的孩子也和大家一起，一闪一闪地眨着眼睛唱着。

带了三年级和四年级后，老师因调任离开了小岛。他却始终不能忘记那个春天里仅仅三个小时之中孩子们的脸。对孩子们而言也是一样。

"我读了那些孩子们在中学毕业时写的文集，二十九人中有二十个人写了我带班的三年级和四年级时的回忆。并且，有一半都写了那次爬山的事情。我读了之后，觉得孩子们有点可怜……为什么呢？到中学毕业为止的九年间，学校生活里值得回忆的事情只有那么一点。孩子们和老师过的日子都没有丝毫感动。现在的教育是多么空虚呀，我每次回忆起在那小岛上的日子，就不禁这么想。"

广场 现在，教育界的领导层中，慨叹教师没朝气的声音很强烈。在我们遇到的校长和县教委相关人士中，也有人猛烈批判："再强势点！不适合教职的人就别干了！"也有人说："不是因为有业务评定就不敢发声了，不发声的人原本就是没有能力。"

然而，我们却不敢这样断定。我们认为确实有一种管理权力束缚着教师的心。至少，在我们遇到的老师中，有许多老师昂首挺胸，不去迎合校长或教育委员会那些"上层"的意向，而是自发地做有创造性的教育工作。

爱媛县为数不多的日教组成员筱崎老师，是这样想的：

"……如果有人问，作为教师，最快乐的事情是什么？我的回答就是，大家都想在教室里和孩子们一同度过每一天，孩子们能够很好地理解我教的东西，大家连呼吸都能合上拍，那一刻的喜悦才是最快乐的吧。这种快乐，不论是不是工会成员，只要是教师，就还是会向往吧。校长也不希望有讨厌学校的孩子出现，这种想法是相通的。那就是教师们共享的广场。问题不就是怎样建造出这样的广场吗？"

筱崎老师认为，加入工会的教师们，即使是受到了各种各样的迫害，但在日常的学校生活中，为了把课讲得更好、更易懂，依然应该和没有加入工会的老师们交流实践成果，一点一点地提高教学质量，这才是最重要的。通过这种教师工作的累积，孩子们一定会给出"回答"的。孩子们会改变，孩子们会成长，他想通过这种方式来构筑起教师们的广场。"对我们有压迫，这是事实。但是，这句话就算重复一百万遍，也不能消除那些使孩子们误入歧途的要因……"

原点 筱崎老师的话让我们发现了一种希望。如果全国的老师都能集结到那个"广场"上来，都能够站在孩子的立场上去思考孩子的事情，或许就不会有孩子因为考试分数而悲伤痛苦，断绝自己幼小的生命了吧。

通过与 X 先生的对话，我们讨论了这种希望。X 先生如是说：

"我赞同筱崎老师所说的话。但即便是在那种情况下，每个教师都要自省，今天的我能否赞同自己的所作所为？在说'为了孩子好'之前，为了我自己，今天的我是否能赞同？就这样不断地把自己的生存方式拉回原点，这种想法是很重要的。我今天能够感受到自己生命的跃动。所以，不能认同这种苦闷的人，和身边怀有同样想法的老师一起，一点点地将这道屏障向对面推去，途中不断有新人加入，最终，把那障碍推下悬崖。就是那么麻烦的一项工作吧。但是，对于现代的教师而言，别无他法了吧？"

父母们正用饱含期待的眼睛，注视着老师们的下一步。

— 忠诚与荣升——特别采访 —

培养管理者的特训场

想要在中小学确立主任制度的自民党、文部省，和将之称为"这是强化职场的管理体制"而表示反对的日教组之间，矛盾正在激化。但若要导入这项制度，眼下最重要的工作是对那些可能被任命为主任的中坚教员进行特训。

在茨城县筑波学园城中的某国立教育会馆筑波分馆中举行的中坚教员中央研修讲座，即是特训场。从全国各都道府县的教育委员会中选出的男女教员集中到这里，接受三十六天的填鸭式集中培训。今年（一九七五年）五月起已有六百人次的教师受训，现在最后一批一百三十八人正在进行最终的冲刺课程。

文部省希望通过这种集中培训来培养怎样的教师呢？我们走访了位于筑波山麓的培训现场，和教师们同吃同住，观察他们的真实状态。

平均年龄四十三岁　从一九六〇年起，中央研修讲座的目的是"针对学校的管理运营、指导学习的诸多问题，对各种职务人员进行必要的培训，力图提高其见识，增加其领导力"。受训者分为两类，一类是国公立中小学的校长和教导主任、幼儿园园长，在教育委员会任职的指导主事、管理主事等；另一类是年龄三十五岁以上、从事教职工作十年以上的中坚教员，亦即离教导主任仅一步之遥的主任或主任候补级别的教师。双方都是受到教育委员会推荐的人选。我们采访的是中坚教员。

从上野坐急行电车一个小时，在常磐县的土浦站下车，步行约三十分钟，就能看到位于杂树丛和农田之间看上去像是大学的奶黄色建筑物。这里大约有五个后乐园球场的大小，在约七万平方米的区域内配置着办公楼、教学讲堂、食堂、宿舍等，宿舍有七层楼。每个房间都是六张榻榻米大小的洋房，有单人间也有双人间。格局紧凑，有点像宾馆。

分馆馆长铃木奎吾一九六○年时在栃木县担任副教育委员长，在"搞垮日教组"运动中大显身手，后任县教育委员长。

"现在受训的，都是在未来一两年内就会当上教导主任的精英们，平均年龄四十三岁，其中15%是女教师。从北海道到冲绳，他们来自全国各地。"

从"日之丸"[1]**开始**　这里的生活从早晨七点起床开始。七点四十分在讲堂旁的广场上开早会。放着《君之代》[2]，升起"日之丸"。做广播体操，传达通知事项，然后八点吃早饭。九点，在签到簿上敲章，然后在讲堂有一小段自由活动时间，上午、下午共五小时的集中讲义，中间夹着一顿午饭，接着是自由研修、晚饭、晚上的自由研修，十一点熄灯。

受训者以三十人组成一个生活班，由各班选出的生活委员会

---

① 指日本国旗。
② 指日本国歌。

自主负责全部的培训生活。虽说是自主，但实际上是在每晚召开的班长会上，由文部省的培训主管等来负责传达上层的意向。

这里的讲义内容分为一般教养、专门教科、法规演习三个大类。一般教养的课程有《胜海舟①的成才经历》（胜部真长，御茶水大学教授）、《人生论》（大山康晴②，永世名人）、《原点回归》（西山松之助，东京教育大学教授）、《何谓法律》（绵贯芳淳，筑波大学教授）、《教育公务员制度与教职员的服务》（俵正市，律师）；除上述由文部省以外人员教授的课程，还有文部省科长级别人员教授的课程，如《教职员的劳动关系》（井上孝美，文部省地方课长助理）、《教育法规》（铃木勋，文部省总务课长）等。

专门教科有语文、算术、社会、理科、家庭、绘画、思想品德等，各科分别由文部省教科调查官授课，还有钢琴家远藤郁子和声乐家井泽桂教授音乐。

标准答案　值得注意的是法规演习的部分。培训期间有十次课，共计二十五个小时。这是根据具体案例来学习如何应用法律解释的课程，教师们面对的课题，如下例：

　　问：在A市立小学，加入教职工工会的教职工在勤务时间内，根据指令佩戴着写有阻止处分、大幅提高工资等标语的铭牌进行工作。其本人声称这是为法律所许可的。请问，这正确吗？

---

① 胜海舟（一八二三至一八九九），日本江户时代末期至明治时代初期的政治家。
② 大山康晴（一九二三至一九九二），日本的将棋选手。因在将棋比赛中得到五次"名人"头衔，获"永世名人"称号。

各位教师对此各抒己见，最后，讲师展示了标准答案如下：

答：不正确。在勤务时间内进行工会活动之一的示威行为，违反了服务规范，不是合法的工会活动。违反《地公法》①第三十三条（禁止丧失信用的行为）。

问：A教师工会最近以与校长交涉为中心，频繁在职场举行活动。A县下B市立C小学中分会长及其下属十余人在某一天的勤务时间结束前对校长提出：

①希望就处分罢工者问题立即进行团体谈判。

②有消息称将于月末对先前的罢工行动进行惩戒处分，大家想就此事了解校长的意向。并且，希望校长向教育委员会施压，不实施处分。

③如果当场不能进行交涉，那么希望在明天上课结束后，在工作时间内进行交涉。

请问该如何处理？

对此，校长举出如下理由，拒绝交涉。请针对以下理由分别进行讨论：

①学校分会在地方公务员法上不被承认为职员团体，不具备交涉能力。

②所申请的交涉事项不是合法的交涉事项，并且，校长

---

① 日本地方公务员法的简称。

不是当事方。

③所申请的交涉没有经过《地公法》中预备交涉的手续。

④不能回应工作时间内的交涉。

这样的演练问题根据"教育委员会与学校""服务""培训""教职员的劳动关系""争议行为""学校事故""公务灾害补偿"等主题出题，并通过这些问题，来锻炼"作为管理者的教养"。

离岛　这天，在教室里，正在进行题为"年级的运营"的讲座。讲师是兼任教育课程审议会委员的大学教授。

《没有教育的学校》的作者贝莱特在"School is Dead"（学校已死）一章中如此写道："学校明明是学习的场所，但却因重视社会保障的职能，将80%的精力都放在了礼貌举止等方面，放在学习方面的精力反而只有20%了。学校已死……这很令人苦恼。"

有些老师大概怕记不住那么多讲义内容，所以在笔记的旁边画着讲师的头像，或是拍照，费尽了心思。空调设备齐全的教室里鸦雀无声，连一声咳嗽也没有。这些"候补主任"在远离学校的孤岛上，聚精会神地记着笔记。

感激国恩的泪

为了国家 经过了三十六天的填鸭式教育，中坚教员们带着怎样的收获回到了学校呢？

通过询问二十几名受训者，他们回答中的共同点是："听到了在本地听不到的，称得上是'日本的头脑'的一流讲师的授课"，"听到了其他县的真实的教育状况"，"感觉自己的世界扩大了，有了自信"，"在法规层面有太多以前不知道的东西"。每个人回答时都充满了感激之情。其中值得注意的是对"国家""文部省"的感激之情，可以看出他们对支持文部省政策的使命感增强了。例如：

"文部省花费了巨大的金钱啊，这是国家对我们的投资，所以我们也必须要回报国家，我深深地感受到这一点。集中到这里来的同志们，每个人都是教育一线的精英，都是心中有热火的人，我们要想着怎样把这份热火传递下去，不能让它断绝。毕竟在如今的教育界里也有许多人想要用冷水浇灭这份热火。"（岐阜，男，四十四岁）

"自己手中握着日本的将来，我切身感受到了这份责任感、使命感。"（茨城，男，四十六岁）

"如今我背弃了国家。教育一线只流通着工会的信息，所以我不知道国家竟对教育有如此大的期待。到这里来的事情如果被教育一线的人知道了是要遭人白眼的，也有些老师从这里回去后被同事们非议，觉得很苦恼。但是来到这里的同志都是在教育一线一个人忍受着孤独的，所以回到教育一线后即使分散了，我们也不会忘记这份互相信赖的重要性。还有一个组织，之前来参加培训的老师中有90%的人都加入了，大家能够一起努力，争取早日实现'正常化教育'。"（神奈川，男，四十二岁）

"迄今为止我是否是一个好的女教师，是否拥有力量、头脑、心灵呢？这次培训给了我能够回到原点审视自己的机会。我觉得我今后的人生一定能过得很有价值。"（佐贺，女，四十八岁）

"我会将这里的培训记入履历，我会努力的。"（东京，男，四十九岁）

唯有感谢　培训结束时，在分发给受训者的名为"为了提高今后培训的质量"的调查问卷中，有对培训整体的感想、法规演习是否有收获等一些提问，奈良县的某男性教师（四十七岁）是这样回答的：

> 我明白了认真为日本教育考虑的文部省各位人士的艰苦立场和辛劳。通过各位讲师，我们明白了文部省兼具广度、深度的方针、政策。我们明白了贯彻与实践指导要领主旨的必要性和重要性。我认为这之中最好的一项是请了艺术家来做讲座，如果其中一半邀请的是男性艺术家就更好了。法规演习非常有收获，要是能多开展两天就好了。我逐渐能理解行政性质的解释方法了。我还知道了教育行政关系法令、条文的阅读方法。我能感受到整体上的考虑和计划都是很用心的，我能说的唯有感谢。满分一百分，我打九十五分。

我们进行采访的那天，下午五点食堂举行了庆祝培训结束的欢送会。十二张桌子上摆着啤酒、清酒、威士忌和冷盘小吃。首先由铃木分馆长带领大家干杯，在派对即将开始时，负责陪同我们的培训课长极力想要把我们带到外面去。在推拉了几个回合后，我们最终被带到了还在建设中的图书馆去。他似乎不愿被我们看到他们不分上下级喝酒作乐的场面。

"这里汇聚了最尖端的教育器械，首先是这个……"

课长开始了漫长的介绍。后来，从远处传来了歌声。似乎到了宴会气氛最热烈的时候。课长的介绍终于结束了，我们趁机甩开课长，潜入食堂。长时间远离家人的集训生活终于在今天结束了，或许是有这种获得解放之感助兴，大家的兴致很快就高涨了起来。

交谊舞 "灯下妈妈缝衣，说着春日游戏，明天是周日，跟妈妈说着悄悄话，从早晨到夜晚，来做吧来做吧，打了结再解开，打了结再解开。"①

会场上不断响起的歌声，让人想起文部省歌曲②。会场内分发了写着改编歌词的传单，上面写着"各位请注意，根据《地公法》的规定，持有本印刷品需保密"。伴随着歌声，会场内的气氛越发热闹起来。有的小组把分馆长和列席的文部省干部抛起来。男女教员们跟着歌曲开始跳交谊舞。

开始跳起《安来节》③的教师是日教组的成员。"那个人啊，罢课的时候被降薪了。但是，这里没有什么工会不工会的。作为

---

① 改编自日本童谣《冬之夜》。
② 从明治时代至昭和时代，日本文部省编纂的小学歌曲集的总称。
③ 日本岛根县安来市的民谣。因其常配有滑稽的舞蹈动作，因此作为一种民俗文化曾在日本大为流行。

人，作为教师，他展现出了真正的样子啊。"一位受训者说。他身旁的文部省小学教育课长助理说道："怎么样？日本的老师没问题！可以放心啦！大家都很有激情……"

文部省歌曲不知不觉地变成了军歌，一曲接着一曲，大家一起打着拍子大合唱。将近三个小时的喧闹，终于在教师们组成长长的人墙把文部省干部抛起后，落下了帷幕。

为《萤之光》①落泪 第二天早晨，在结业仪式上，文部省初中局的奥田审议官如此说道："希望你们回到岗位后能够完成作为领导者的任务。日本的教育重任就在各位的肩上。请鼓起干劲。我们作为行政责任者，为了日本的教育……"

随后是受训者的谢词，背景音乐是《萤之光》。仪式进行着，会场中四处响起了啜泣的声音。四五十岁的男老师在这不断蔓延的啜泣声中该如何表现呢？

从二十世纪六十年代的经济高度增长期起，作为企业培训员工的一环，这种情感训练的手法就开始流行起来，企业把员工聚集到密室中度过一段时间，以此来培养员工的集体感。教师特训的最终场面也让人联想起与那种情感训练手法相似的诡异感觉。

---

① 苏格兰民曲 *Auld Lang Syne* 的日文版。此曲汉译版即为众人所熟知的《友谊地久天长》。在日本，《萤之光》经常被用作活动结束曲和商场闭店送客背景音乐。

　—　采访笔记③　—

胆怯的构造

　　九月下旬的一个早上，我们三人把爱媛县定为采访目标，一起从羽田机场出发。松山机场被笼罩在蒙蒙的秋雨之中。

　　在分工展开具体采访之前，我们先请几位小学和初中的教师到宿舍来，听他们说了说大概。业务评定斗争不只关乎爱媛的教师，也左右着全国教师在那之后的人生。

　　从那时候到现在到底发生了什么？我们追溯到二十年前，开始听取教师们的诉说。随着工会组织的崩溃，教师们遭受种种的迫害，当然成为了话题。升职加薪的差别，夫妻档教师被强行派往不同的工作地，人事降职……在场的其中一位教师，便是在高知县境内山村的偏僻学校、濑户内海一座座离岛上被来回调职的亲历者：

　　"别人跟我说，当了工会成员的话，肯定是成不了教导主任或者校长的。想要早点升迁的话，首先得脱离工会，跟同志们一刀两断。那个人还对着被发配到偏僻地区的老师说：'你差不多也可以考虑当个教导主任什么的……'也就是说，赶紧退出工会，就可以从偏僻的地方离开了。

215

"一九六〇年，在官方的斡旋之下，爱教研成立了。要是不加入这个组织，就很难保证现在的身份。栃木、香川、德岛也跟这里一样，工会崩溃了，于是出现了很多没有组织的人。但是在爱媛，几乎没有这种情况。不管怎么说，通过教师任用考试，拿到任命证书的时候，同时还收到了一份写着绝对不能加入工会，要加入爱教研的文件呢。一直到一九六六年为止……

"据说是县教委的方针，原则上一所学校只能有一名工会成员，他们把这些工会成员都分散开了。如果那个人要稍微搞搞工会活动的话，立刻就会把他给调走。这种状态持续了很久呢……"

我曾做过一期采访。在经济高度增长期的大型企业内部，劳动者想要维护自己的权利，但是右翼工会却作为后备部队，用各种各样的手段对劳动者进行压迫。有知识分子把日本的法律体系与外国的法律体系进行了比较。有些人原本以为，日本的法律体系保障了市民的自由，却发现这些条文仅仅止于文字层面，在实际的劳动现场并没有思想信条和言论表达的自由，他们为此大为震惊。如今这种与大型企业毫无差别的做法，也公然地出现在了教授宪法的老师们的世界里。

后来我才知道，时至今日，我们依然无法断言思想信条和言论表达的自由是否得到了保障。因为依然有人担心自己会遭到迫害。我们很想得到尽可能多的来自爱教研成员的老师的证言，虽然多方行走，却发现那些老师们都认为将学校的事情告诉外部人士是一种罪行。有位女老师在接受了我们的采访后数日，寄来了这样的一封信：

因为我越来越觉得在意，所以写信拜托您。虽然我深知，您作为新闻记者，会严格遵守不把我这个信息源透露出去的铁律，但我并不能充分地体会这件事的严重性。如果是那种立刻就会让与松山市有关联的人意识到的内容，那对我来说就麻烦了。我马上就要离职了，我不担心被调离工作岗位或者其他的问题，却唯独担心会被"撤职"。若不是因为事情真的很严重，我绝不会这样做。曾经，爱媛县日教组的机关报纸因为报道了学力考试①的内容，遭到教委的起诉。我认为，我之前说得太过具体了。千万不要变成什么奇怪的内容，请您务必帮我操心。

××××先生
请阅后即焚
××

扎根人心的业务评定体制

让我们重新回到最开始的几位老师的事情上来吧。或许是因为，这些老师把他们这些年来遭受迫害的历史都一股脑儿吐了个干净，他们以淡然的口吻继续叙述下去。据他们称，从三四年前开始，行政一方开始改变了对待工会成员教师的态度，不再像之前那样明显歧视了。但是，以业务评定为导火索，各种各样的压迫都加在了老师们的身上，也已经成为了看待这之后的教育问题不可缺少的要素。例如，导入业务评定体制数年后开始的文部省

---

① 文部省举办的全国统一学力考试。

学力考试，是怎样受到其影响的呢？

"从一九六一年开始学力考试，但在那之前，一九五八年就有两千人，一九五九年四千人，一九六〇年一千人……退出工会的人连续不断。为了维持自身安全，才都想抓牢学力考试这根救命稻草。学力考试的成绩好的话，就能提高业务评定的分数，光荣升职。那其实就是竞争啊。一方面，学力考试沦为了业务评定的工具；而另一方面，有关部门还是想让人们觉得，变得'正常化'了，学习能力就会提高……也因为这些，学力考试在全国都招来了恶名，成了扭曲的东西。也就是从那时候开始，辅导班开始盛行，在新居滨市也飘起了Z旗①……不，是真的Z旗哟。"

起初只是作为"参考建议"的《学习指导纲要》，逐渐具有了法律约束性；而学力考试，则有检测教师是否按照指导纲要进行授课、完成度有多少的目的。这样看来，战后，尤其是在一九五五年之后，自民党政府所采取的一个个教育政策，互相都关联在一起，起到了加倍的效果，并一直向前推进着。

对教师们的培训也是这种加倍效果的一部分。在爱媛县，我们看到培训像是恶性流感一样到处蔓延，但我们不知道，这到底在多大程度上是出自教师们自己的想法。

"一九五五年是业务评定，从一九五八年开始，彻底实施《学习指导纲要》就成了县教委所指导的中心课题，而一九六〇年成立的爱教研，就是跟它穿一条裤子的。一九六一年开始学力考试，然后到了一九六三年，又开始强化教员培训。那时候，教

---

① 国际信号旗之一。日本联合舰队曾在日俄战争期间以Z旗为进攻信号，因此，Z旗在日本具有祈求胜利之意。

委还做了每个人的培训履历卡，为了督促你去参加文部省和县里举办的培训。我们私下里把被校长点名去参加培训说成是'被通缉'了，不去的话，还会影响升职，大家都是积极参加。要说做了多少培训，看看让孩子们进行了多少次自习就知道了。"

培训内容绝对不会超过《学习指导纲要》的范围。如果是神话，就还要学习教授神话的技术要领。就这样，文部省所制订的"应该教的内容"，在老师们的自保思维之下，乍一看像是成了一种自发的行为，渗透到了学校的角角落落，如其字面所述，切切实实地成为了具有"约束性"的东西。

"到了学力考试的时候，管理体制已经非常完善了，所谓一言不发的老师越来越多。也就是那个时候，流传起了'如果想要从偏僻地回来，就得准备十万日元'这样的说法。但是这一带，偏僻地的学校非常多。光让工会成员们过去是不够的，所以爱教研的老师们也得去……这样一来，就是必须得出钱才能被调回来，甚至出现了受贿案。受了贿的教育事务所所长在被起诉之前，拿了钱主动离职了。还有受贿的人，收的东西是价值几十万日元的鲤鱼呀、庭院里的石头呀、屏风啊之类的。一九六八年、一九六九年那会儿，到处都能听到这样的事情。"

伴随着管理体制的加固，金钱往来和人际关系的腐败结构也随之逐渐加固起来了吧。关于这一点，我们在随后采访栃木县的时候也发现了完全一样的轨迹。据老师们称，现在最让县教委头疼的是，如何能让过于顺从、有气无力的老师们充满活力。教育委员长在上任的时候说的"要成为能说话的老师"，也体现了这种思想。在职员办公室里，孩子们从来不会成为谈论的话题，大家也就是聊聊盆栽呀、车呀、性啊之类的。从那时起，我们才能窥见出一些关于业务评定体制的性质。那不是作为一种行政制度，而是在这二十年间，深深扎根在老师们身体里的，对人心的业务评定体制吧。

我们结束这永无止境的话题，将老师们送到门口的时候，已是深夜。

表面功夫

无论是在爱媛县还是在栃木县，我们都遇到了在鞋柜的整齐划一方面比赛竞争的奇妙光景，好像"正常化教育县"的标志性符号就是鞋柜一样。在松山采访的某一天早上，我们来到一所初中。当时学生们正在上课，学校的玄关非常安静，一位中年男教师正在鞋柜前走来走去。在松山，就连小学生也要穿着标准服装，因此，鞋柜里全都整齐地摆放着白色运动鞋。看他似乎没有注意到我们，我们便开始观察这位老师。突然，他将其中一双鞋从鞋柜里拿出来，用签字笔在鞋子上写了些什么。仔细一看，原来，他正在认真地用笔描着写在脚后跟处的孩子的名字。

要是非常关注鞋柜整齐的校长，每天早上亲自检查的时候发现有哪里不整齐，或者某双鞋子指定位置上的名字笔迹变淡了，就会在职员会议上说"×年级×班的指导做得不到位""×年级×班级要提醒学生们注意名字"，一一发布检查结果。因为会在会议上公布结果，所以老师们都惴惴不安。他们认为，这种在指导监督层面上的过失，也会影响到自己的业务评定结果，因此会立刻好好管教孩子们。而另一方面，有的老师会利用空闲时间，不惜浪费精力，偷偷给孩子们描名字。不是为了孩子，而是为了自己。而我们那天早上所目睹的光景，便是这样。

对于不明事理的外来者来说，他们来到这所学校的大门口，便一定会发出"这所学校可真是整齐啊，校长真有一套啊"的感叹。但是，所谓"正常化教育"，不是单从外表上来看的，而是被各种各样的东西支撑着的。

之所以会生出这种只顾表面功夫的结构，似乎是因为代表着行政权力的校长的存在。对此，我们经常从女老师那里听到最真实的控诉。在县东部某城里，我们遇到了一位女老师。她这样说道：

"校长整天到晚，在学校里一圈一圈地逛来逛去。我让孩子们进行小组学习，小孩子嘛，肯定会大声说话的，但可不能让校长看到了。校长在其他学校的研究发表会上看到人家的孩子进行小组学习，说什么'在人家那里，孩子们都是小声发表意见的'，把专门演给人看的课当作对比材料，以此来批评我们。就这样，说什么'自主创造''自学小组'，净是举出一些上面给的词。孩子们的姿势不好，开窗户的方式不对，'叫你开右边的窗户，你怎么开左边的'。就这样，正上课呢，在孩子面前说我们，这还上什么课呀。这可都是真事呀。所以我也在不知不觉间，变得经常会严厉地批评孩子了。孩子呀，被批评了就会好好表现，有点像动物呢……"

这些女老师，似乎只会跟同事们说说每天的忿恨，就这样默默忍受着。

"你们那里（校长）什么时候来？"

"我们这儿第二节课的时候来。"

"会进（教室）来吗？"

"今天没进来。"

"我们这儿进来了有十分钟呢，真让人讨厌啊。"

据这位女老师说，这便是她们的话题，谈话也像这样结束。

"我们呀，其实无所谓孩子们有多吵闹。大家互相帮忙，不会加法的孩子，就让会的孩子教他，啰啰嗦嗦地解释，慢慢明白。我是想创造这样的教室的。但是不能发出声音，吵吵的班级会被当作不好的班级。为了不被说成是不好的班级，就得非常注意……"

提高生产力的想法

经济高度增长期以后，在日本的大型企业里，从表面上看，各种各样的劳动者自发参加的提高生产力的运动流行起来，建议制度便是其中一种。这种制度让劳动者们对关于如何削减开支、针对生产工程和工作内容提出改善建议，一边促进劳动者自身权益的合理化，一边让他们产生成本意识。这是一种旨在更高的层面上达到维护企业利益的制度。有的地方，对于优秀的提案会给一个红包的奖励当作诱饵，或者提案数量和内容会影响到个人的升职加薪，在像松下电器产业等大公司的工厂里，这种形式非常盛行。

我不曾知道，在老师的世界里，也有着与之类似的状况。松山市的一位中年男性教师如是说道：

"之前说的学校多重组织论吧，校长是经营层，教导主任和

222

主任们是中间管理层，普通教师是基层，是这么分配的。把学校当作是工厂一样开展经营，这套理论在实行业务评定之后开始蔓延起来。校长会上，银行行长呀、大企业的经营者呀，把这些对这套理论很有研究的人叫来当讲师，还做了好多次讲座呢。从那时候开始，作为基层的我们，就不得不多提出一些能让经营层高兴的提案了。能提出好提案的老师就是好老师啊。

"这样一来，大家就不停地上交提案了。好的提案是谁也没法从正面直接反对的呀。'哎呀，做那些无用功反倒是烦呀'，这种丧气话谁也不敢说呀。因为就是这副样子，所以有人说文部省喜欢在课间搞活动，于是第二节课和第三节课中间十五分钟休息的时候，每天，又是全校搞音乐，又是全校搞体育，又是全校搞美化的，根本不让孩子们玩。"

我们在"列车时刻表般的学校管理模式"里描写了以分秒为单位减少时间浪费的校长的身影。在进行采访的时候，我们想起了一些工厂为了让劳动者们不浪费一分一秒，而把从职场到厕所的路面画上白线，标示出最短路线。"研究影响孩子们"里提及的学校供餐的内幕，也让我们想到了效率至上的劳动流水线。我甚至认为，这些事情的相通之处在于，将GNP视作繁荣的指标，一味追求合理化和效率化的生产现场的理念吧。生产现场的合理化能够促使资方利润的产生，但是在教育现场，到底是谁获利了呢？

将人看作与物质资本（设备、原材料等）相同的人力资本，对人的心理和应对刺激的反应进行细致分析，为了"增强人的动机"而对人进行冰冷的计算，这样才产生了合理化和提高生产性的运动。这与教育层面所持有的人生观念本应不是同质的东西，但在以"正常化"为傲的学校里，我们随处可见这种异质之物，颇感困惑。

提高力量，保持统一

我与在《看不见的牢笼》这一章中最后登场的筱崎俊三老师，是在松山市内的一家咖啡馆里见面的。大概三个多小时，他都在回答我们的问题。我们想知道，作为少数派势力的县教组的一员，他今后将如何活下去呢？

"大家所说的这个教育荒废问题到底是谁造成的？这个答案很清楚，但是，每时每刻饱受其害的，却是孩子们。就算说一万遍，行政人员有责任，但是却没法抹去这些伤害。业务评定体制实施以来的这二十年，说实话，我们遭受着常人不能想象的歧视，不但出现了扭曲的一面，有时候也会不服从日常的学校运营。

"但那是不行的。如果有人问，作为教师，最快乐的事情是什么？我的回答就是，大家都想在教室里和孩子们一同度过每一天，孩子们能够很好地理解我教的东西，大家连呼吸都能合上拍，那一刻的喜悦才是最快乐的吧。这种快乐，不论是不是工会成员，只要是教师，就还是会向往吧……所以，只能从这里来建构大家的统一点呀。

"因此，在民间教育运动中，最紧要的任务，是日益增进自己的力量。同时，在日常的学校生活之中，哪怕这个成果在自己看来还很不够，也要与很多的非工会成员教师一起去进行实际演练。这样一来，孩子们就会告诉我们答案吧。我想，通过实践的检验，假的会暴露出来，也可以接近真相。这样才能开辟出一条包围自民党政治的道路。"

对于少数派来说，道阻且长。但是，这句话所透露出的明亮的光，是与绝望和投降毫无关系的。谈话结束的时候已是深夜。老师跨上了停在店外的自行车，消失在黑暗的街道上。

搜罗"零特"①

我们以宇都宫市内的宿舍为临时落脚点，走访了枥木县内各地。当时，郊外的田园地带已然是一幅秋日临近的光景了。天空下着小雨，体感微凉。

我们乘坐国铁东北线来到小山市。这里的老师为我们讲述的故事，与我们在爱媛听到的老师的处境极为相似。

"有的老师每次换校长就会改变自己的兴趣爱好。之前的那个校长喜欢盆栽，周六周日的时候肯定会大老远地去花木市场。有个老师，在这位校长就职之后，立刻就把养盆栽当作自己的兴趣爱好，说什么'昨天，我看到一个枝叶很漂亮的'，还往校长室里送了盆栽。但是那位校长突然死了，于是，他也立刻就不喜欢盆栽了。可不只是盆栽哟，他还会去打扫校长室。为了成为教

---

① 零特即低额储蓄免税制度，是对六十五岁以上的老年人或者残障人士所采取的，存款本金三百五十万日元以内的部分免税的优惠政策。后来，该制度调整为只适用于残障人士。

务主任，他可是想尽了办法呢……

"还有的人，接了校长下派的活儿，到工会成员的家里去，骗他们说'如果能退出工会的话，明年就能当上教务主任哦'。

"校长让老师们筛选学生去特殊班级，有个女老师就选了一个人。这是由校内判定委员会来决定的，但是被选中的这个孩子，他的爸爸喝了酒之后浑身怒火地冲到了学校。校长很狡猾的，说什么'是班主任想让孩子到特殊班级去的，学校只是了解一下情况'，就逃跑了。结果，那个女老师害怕这位爸爸，一周都没来学校。这所学校里有两个特殊班级，如果想要维持两个班，就必须有至少十五位学生。不满这个人数的话就只能设立一个班。这样一来，就得削减老师数量。所以，就算很难，也得搜罗'零特'呀。看一圈就知道，社会地位、经济地位都不高的家庭，他们的孩子更容易被纳入'零特'的范围啊……"

学校不以学生为中心，而以老师为中心运作，这种情况接连不断。谈话进行到了深夜，外面下起了瓢泼大雨，我们在夜晚紧赶慢赶，终于乘坐末班车回到了宇都宫。

早上，大家分配好工作各自出发，回来的时候大多都过了午夜零点。我们一边等着三个人聚齐，一边在被子上铺开了采访笔记。大家啜饮着已经放凉了的茶，互相报告着当天的收获。笔记本上记录的一个个数据，都在质问着我们："何谓教育？"不是这个，也不是那个，我们谈论着在各种各样的采访里的发现和思考，不知不觉就到了凌晨两点钟，于是赶紧关了灯，好好睡觉。采访的日子每天都一样。

现代的残酷

第二天，我又来到小山市。那天，雨下下停停。我听到市议员的家里似乎传来了准备晚饭的声音，才注意到已经过了六点。我决定再去拜访一家人，走到外面才发现，天已经黑透了。

别人告诉我，在远处亮着微光的地方左转，就是通向国铁车站的县道。于是，我便踏上这条泥泞的道路。哪怕是到了市内，这一带也都是森林和田地，连路灯也没有，偶尔会踩进深深的水坑里。在栃木县教师们的口中，这个"正常化教育县"的现状是日复一日更加黑暗。我走着走着，加上连日的疲惫，好像陷入了湿地里一样，浑身感觉很沉重。

终于到了县道上。几台大型长途卡车闪着绿色和橘黄色的警示灯，从我眼前飞奔而过。小小的国铁车站前面有一间挂着暖帘的餐厅，我走了进去。一位看上去还很年轻，但身体过于肥胖且显得很辛苦的少女正在独自看店。不知道她初中毕业了没有。店中有位身着脏兮兮工作服的男客人，他个子很大，但我看不出来他到底是个少年，还是个成年人。他时不时地朝少女大声喊："拿酒来！"

"哎呀，烦死了，你有钱吗？出去，傻子！"少女这样说着，继续沉浸在电视里的歌曲节目中。我用不逊于电视机声音的大嗓门说："我要肉汤、炒韭菜和米饭！"少女用她对着电视画面笑嘻嘻的表情直接看向我，终于离开了电视机前面的位子。

"肉汤一碗！"她朝着内间大喊道，动作和话语如行云流水。

在微弱的荧光灯底下，我听着连续不断的恋爱歌曲，吃完了少女端过来的晚饭。那男人和少女又大声争吵起来。我想，他们一定都是被社会排斥在外的人吧，所以在他们粗俗的语言之下，藏着一种只有他们两人才懂的亲近感。也许是因为我无法从刚才走过的黑暗泥泞的道路中醒来，在城市边上的餐厅里的这幅光景，仿佛凝聚了现代的残酷，格外贫瘠和悲哀。

少女又粘到电视旁去了。电视里出现了一个女歌手的脸部特写，镜头拉得很近，晃来晃去。

追踪采访

— 飘零的孤寂儿童们 —

保健室是镜子间

养护教谕 A 子就职的公立初中所在的小城市，距离东京市中心大概一个小时的电车车程。这里是聚集着普通工薪阶层小家庭居住的独栋房子和公寓的东京卫星城。

"这附近的孩子都怎么了呢？大家都说，这附近看不到孩子。真到了这里，您感觉如何？比如说，以前没有过、但是最近变多了的事情，或者某件您在意的事情变多了之类的，只要是您的感受，什么都可以，请告诉我……"

在进行采访的时候，我说话总是不得要领，问一些有的没的。因为我不想只听到是或者不是这样的答案，而是想让受访者能够自由地、作出超出我所知道或可以想象范围的回答。

"（请告诉我）孩子们的现在。"被问了这种不着边际的问题，对方大概会在一瞬间，对自己的日常所想进行总动员，从中找到印象最深的一件"新闻"吧，这便是我的目的。

"学校保健室才是映照出孩子们最赤裸裸状态的镜子间呀。"这种说法到底是从什么时候开始的呢？大概那时学校已经成为沙漠的象征了吧，保健室作为仅有的绿洲，吸引着孩子们前来。在与评价体系毫无关系的养护教谕面前，他们才能释放紧张情绪，展示出自己最本真的样子。

"就算没有受伤，也没觉得哪里不舒服，就来到保健室里，默默地发呆。量了体温，发现有一点点热度就很开心。强烈地要求'要躺下来'，'已经坚持了一节课了，让我休息一下'，说着便想躺下来。有的孩子只是大声地哭，也有的孩子只是说着'膏药''绷带'这样的单词，孤零零地站着，还有的孩子想立刻拿些药。这里门庭若市，像天堂一样。如果必须获得教员的许可才能来这里的话，教员室门前就排起了长队。"

在小学和初中养护教谕们的培训会上，这样的报告好像是用同一个模板刻出来的一样，很多学校都出现过。得知这一状况，人们不觉哑然——最近，在进行《日本世相》系列调查的时候，我听说了这样的事情。

疲乏、劳累、困倦、想休息、想死……在二十世纪九十年代的当今，如此抱怨的孩子越来越多。因职业缘故而与孩子们有很多接触的人们，异口同声地指出了这一问题。"疲惫"成了解读孩子们问题现状时的关键词，就连"过劳死"这样的词汇也开始登场了。

从还在吃奶的时候起，孩子们就开始被什么人从后面推着走，面对被提出的课题，努力颇得要领且高效迅速地消化问题，这样才是"好孩子"。孩子们不得不为了迎合家长和老师的期待而努力取得成果，但这绝非易事。孩子们开始非常在意别人对自己的看法，大人们怎样看自己？朋友们怎样想自己？如果觉得自己没有被别人认可，那就坐立不安。为了达成目标而过度努力，同时又过分地关注别人的态度。就这样，孩子们身心俱疲，变得了无生机。作为无与伦比的生命而被无条件地接受，以最本真的样子被人从心底里呵护。孩子们并没有感受到这种安心感。也许，就是这种不安和痛苦，正在以"疲惫"的形式进行着控诉吧——我认为正是这样的。

之所以会对保健室进行采访，也是因为，从这种镜像映射中，我们也许能够察觉现在孩子们的真实处境吧。

A子老师有十五年的教龄，大概是因为她在平时就对孩子们的状态进行着细致入微的观察和照顾，面对我的问题，她能够迅速地给出回应，就像是提前准备过一样，向我娓娓道来保健室里的世相。而这与"疲惫的孩子们"所反映出的问题现状又有所不同，而是让我们意识到，在亲子间过分的依存关系之中，孩子的精神成长遭到了阻碍，幼儿化程度逐渐加深。

母与子的恋爱关系

"男孩子的话，从很早之前开始，就不再有那种愣头青的样子了，这一两年，越来越多的孩子变得喜欢撒娇了，就是'冬彦现象'①吧……不管在哪所学校，一下课，就有孩子说自己肚子痛，然后跑到保健室来。适当地处理一下之后跟他说'加油'，

---

① 在一九九二年播出的 TBS 电视剧《一直喜欢你》里，男主人公冬彦是一个非常极端的具有恋母情结的人。该剧播出后，"冬彦现象"一时间成为人们热议的话题。

让他回去上课，但他们还会再来。知道了他们是为了让我跟他们说一句'加油'才来的，我就不再那么说了。这样一来，他们就跟我说'老师，你给家里打个电话，让我妈妈来接我吧'什么的……这要是在以前，如果上了初中妈妈还来学校的话，是很丢脸的呀。以前，孩子们会跟妈妈说：'你这家伙，可不许来学校。要是来了被我撞见，就罚你一百块，要是跟我说话的话就罚一千块。'可是现在变了。有的孩子会非常高兴地说：'今天我妈妈会来呀！'"

那个孩子的妈妈不到四十岁，是一个公司职员家庭的专职主妇，因为是PTA的委员，所以偶尔会因为会计事务而到保健室来。

"有老师问那孩子：'你不会有恋母情结吧？'他就气得把桌子都踢飞了。但是每到休息时间，他就会过来看看，还会问：'（妈妈）来了吗？''来了吗？'"

有一天，他的妈妈因为会计事务来了保健室。那孩子正上着课，就说自己"肚子痛"，赶紧去了那儿。

"我问他'你是因为妈妈在才过来的吧'，但他妈妈什么也没说。我为他做了适当的处理，然后对他妈妈说'一会儿一定要让孩子好好回教室哟'，然后就去职员办公室了，等一个小时左右再回来，却看到娘俩正在笑嘻嘻地聊天。那可是个大块头的孩子，胡子和腿毛都长出来了呀。"

他妈妈嘴上说着"确实太娇惯他了"，孩子也会对妈妈称呼"你这家伙"，但都不是当真的。

"感觉妈妈不像是在对待儿子的样子……"

"是对待宠物的样子吗？"

"要说对待宠物呢，就是总给他买各种各样的东西，想让他一直当小孩子那种感觉吧。有一阵子确实是这么回事，但现在，妈妈也希望孩子一直觉得自己很好，非常害怕孩子讨厌自己，像是在讨好孩子一样。"

不是宠物，而是恋人吗？曾经，当他妈妈打扮得非常年轻靓丽来了学校，有的男孩子会说"一把年纪的老太婆了，还化什么妆"，显得非常嫌弃。如今，儿子会主动跟妈妈提要求，让她们打扮得时尚漂亮一点。妈妈们越来越离不开儿子，而一直当作婴儿来养的儿子一旦变得越来越有男子气概了，妈妈们就会突然把他当作异性来对待。

父亲去哪儿了，又在干什么呢？大部分情况下，这样的母子家庭里，父亲都是缺位状态。这似乎已成了日本经济高度增长期以来的传统模式。

"母亲把想要说给丈夫听的牢骚都发到了孩子这里，形成了母子联合体。就算父亲偶尔从公司里早点回家了，也会被妻子说，家里禁烟哦，不让他吸烟。在家里没有容身之所，父亲就只好去弹珠店之类的。'我跟妈妈很合得来'这种话是个头很大的孩子说出来的哟。"

"不良幼儿"的诞生

少年的不良行为被称作是战后的第三波风潮，从一九七七年、一九七八年开始，甚至发生了在学校里对老师施暴的案件。以一九八二年为界限，通过导入警察力量等强权措施，这种行为逐渐减少。但是随后，暴力行为又转向了针对同伴的欺凌和迫害。在 A 子老师的学校，虽然温柔的"冬彦少年"似乎正大量涌现，但是同时也有反复实施不良行为的孩子。与之前的情形相比，现在似乎很不一样了。

"以前的愣头青啊，是跟大人通过身体的碰撞来提出要求的，现在的孩子不会这样了。或者说，没有孩子要跟老师对着干。今天有个吸食天拿水的孩子说着'让我吃饭'，搞得一团乱，老师只好把他带到保健室来让他吃饭。他吃完之后就开始酣睡，醒来的时候所有人都回家了。于是，他就找到一位之前还对他喊着'你这家伙，你这傻瓜'的男老师，跟他说'我们一起回去吧'。说他是吊儿郎当好呢，还是不懂事好呢？他染了黄头发，老师让他染回来，他就买了染发喷雾拿到学校来说'老师，帮我弄弄吧'。他虽然又是带烟来，又是弄破窗玻璃，但是却不反抗大人，只是想撒娇、想被安慰、想被人注意，真像个小孩儿呀。那个'不良幼儿'因为手指受了伤来到保健室说'给我张创可贴'，我给了他，他却站着不动。我问他：'怎么了，难道是想让老师帮你贴上吗？'他竟然说'是'。这种样子，以前可没看到过呀。我们私下里说啊，老师越来越像保姆了，就差没有帮他们处理大小便了呢。"

女孩子们又是怎样的呢？据 A 子老师说，她们的叛逆期也变得有些模糊不明，不再像之前"都不想跟妈妈说话"那样有明显的反抗迹象，这种未分离的状态长期持续着。

"而且她们还经常会在电视上看一些电视剧，剧里面的女儿知道了父亲出轨，却默不作声。也许是因为她们经常听说别人家里父母和孩子是平等的朋友关系，就会说自己的妈妈'那个人也很努力呢'之类的话，说话的语气显示出非常洞察世事的样子。他们这个年龄应该正是通过母亲来找寻自己的人生方向，一步步踏上自立之路的时候，实际上现在的母女关系却好像是'妈妈也在好好打扮啦，所以你也要好好打扮哦'这样，母女共用发型摩丝、化妆品、衣服之类的，大家都羡慕'母女朋友'的关系。妈妈在迎合孩子变年轻，互相之间都在竞争呢。开家长会的时候，这些妈妈们就顶着烫发头，头发被搞得乱蓬蓬、湿漉漉的，还夹着巨大的蝴蝶结……之前还流行夫妻装的毛衣之类的，现在比起跟丈夫穿一套的，她们更愿意跟儿子女儿们一起穿。"

然而，如果只是看上去登对、关系很稳定的话也就算了，他们之中也暴露着不少矛盾。女孩子的话，尤其是"好学生喘不过气来的现象"非常引人注目。

"比如说，从小学开始就背负着父母的期待，认真学习，一直都是年级第一名的孩子，在私立中学的升学考试中失败了，只好去公立学校，就会有劣等感。到了临近考高中的时候，她们就会开始拒绝走父母期待的路，也会开始产生'我不想成为妈妈那样的女人'这种拒绝成熟的想法，只要是妈妈做的饭，就统统不吃。"

某位初中三年级的少女，体重从四十三公斤急剧下滑到二十八公斤，患上了典型的厌食症。她的成绩在班上名列前茅，父母一直想让她考上某所有名的私立高中。

"那孩子很懂事，她妈妈却比较粗俗，长得很胖，感觉像是永远都在吃东西一样，她爸爸也总是不在家。她看起来不怎么幸福，所以我才觉得她会有'我才不想成为那种女人呢'的想法。"

这位少女开始厌食之后，成绩就急转直下。就算如此，她还是决不吃东西。有一天，她倒下了，直接被送到医院去。

不只是初中生，下至小学四年级，上至三十岁出头，现如今患上厌食症或者吃多了就呕吐的女性越来越多，令人不安。

> 现在，精神科医生看得最多的病人，就是摄食障碍或者食欲障碍的患者。在精神科诊室外面，因为厌食症和过食症而非常痛苦的女性源源不绝。

一九九〇年的时候，庆应大学的精神科医生小此木启吾教授曾这样写。这个势头不见衰退，似乎也在初中生少女们之间蔓延。

"希特勒万岁"的列队

从二十世纪七十年代到八十年代，日本全国的学校现场都像金太郎饴一样，不管从哪里截开，都是一模一样的管理主义的面孔。时不时地向孩子们亮出让他们害怕的"评价"这把利刃，把体罚当作杠杆，连老师们也没背下来的事无巨细的校规，和与生产前线一样的分秒必争、提高生产力搞竞争的时间管理制度，这些要素共同组成了强制孩子们忠于学校的体系。

上面做出决定，不分青红皂白地压到下面去的管理主义，以及表里一致的锻炼主义和耐力第一主义，直到今天依然被贯彻执行着。例如，在爱知县冈崎市，反对剃圆寸头的运动一直持续进行。市里的"心系冈崎教育的市民会"在一九九三年九月提交给市教育委员会的请求书上有以下内容：

我们从冈崎市尤其是初中俱乐部活动的实际情况中认识到了巨大的问题。在体育系的俱乐部活动中，胜利至上主义和耐力第一主义非常盛行。甚至连周日也要进行俱乐部的训练，到了暑假等长假期，也得组织连续数日的训练活动。甚至连父母们都小声嘟囔"要是进了体育系的俱乐部，肯定就没法进行家庭旅行了"。平时也得从一大早开始训练，或者进行长时间的艰苦训练，孩子们被剥夺了肉体和精神上的闲暇，再加上作业本来就很多，甚至让人担心他们会不会过劳死。因为事关胜败与将来的道路，有的孩子对俱乐部活动很是执着。但是我们认为，不能让孩子们随心所欲，而应该在考虑到每一个孩子的体力和将来发展的基础之上，进行适当的教育指导。

综合体育大会或者运动会上，校方会让孩子们高高地举起手臂向前走，也就是所谓的"纳粹式"列队行进。为了这个训练，每所学校都会设定很长的训练时间。在十五年战争①的时代里，体育被军国主义利用。因为这段痛苦的经验，战后这种模式的行进是被禁止的。而且，在行进之中，偶尔还有跟着"向右看"的口令，进行"希特勒万岁"的纳粹式敬礼。听说在德国，这种样子的敬礼是被法律明令禁止的。不光是普通的日本人，就连外国人也觉得很震惊。这是与

① 指的是从一九三一年九一八事变日军挑起战争到一九四五年日本投降的十五年间。

"民主主义"的日本非常不相称的敬礼，请立刻下令禁止。

关于俱乐部活动的严苛，正如这封请求书写的那样，它已经成了深深扎进孩子们生活里的一根刺，甚至导致死亡。在隔壁的岐阜县，县立商业高中的女子田径部成员，一位十七岁的学生，写下了一句"我讨厌被打"的留言后自杀了。父母提出"孩子的自杀是由于顾问教谕的体罚"，而将县政府和教谕都告上法庭。一九九三年六月，法庭判决他们支付三百万日元的赔偿金。以体罚为代表的学校暴力，深入到了日常生活的角角落落，紧紧束缚着孩子们。但是，也出现了让孩子管理孩子，老师躲在背后进行控制的方式。例如，岐阜县的某所初中就有这样的情况。下面的这份材料就为我们展现了它的具体操作方法：

每天晚上，班长和学习委员就会给班上的同学打电话，确认没有遗忘什么东西。有的班级把零缺席作为目标，老师就会开车去接身体不舒服的孩子上学，等早上的俱乐部活动结束了，再把孩子送回家去。体育课和大扫除前后要换衣服，大家都分秒必争，从入学开始就让孩子们为此进行练习。为了能够换得快一点，还会指导孩子们，让他们在校服里面穿运动上衣和裤子。修学旅行之前，为了能让班级行动一致，就会让孩子们去"集体上厕所""集体喝水"。任课老师一到教室，课代表就会提醒大家要注意上课态度、全员都要举手之类的，随后还会对老师说"拜托您了"。如果没有都举手的话，班长或者课代表就会大声提醒，于是全班同学都会啪地一声把手举起来。回答老师问题的时候，全班同学都要看着回答问题的同学的脸，回答完毕后必须鼓掌。

轮流分餐的时候，负责的孩子要用秒表来计算、评价。没来的孩子的那一份饭菜要由全班同学来负责分担吃掉，"零剩菜"是他们的目标。打扫卫生的铃声一响，就算是地板也好、地上也好，必须要正座①在负责的打扫区域，进行默想，思考打扫计划、重点难点，做好心理准备。清扫的时候要双膝跪地，使头发从前方、左方和右方触碰地面，默默地，擦拭三四千遍地板。膝盖有可能会被擦破，所以要用上护膝。卫生委员和班长会严格查看班级同学打扫的状态，是否出汗了，脸有没有红，是不是在左顾右盼，速度够不够快之类的。如果有人受伤了，或者抹布用烂了，还会获得表扬。破破烂烂的抹布成了财产。如果一天的行动没有按照约定进行下来，负责打扫卫生的孩子就会被要求去反省，单纯说"我会反省""今后会注意的"是不行的，会被批评到流眼泪。

这是因批判学校做法而被当成异端分子的某位学生的母亲在调查后记录下来的一部分内容，因为跟我们为了"何谓教育"所采访的"正常化教育"模范县的爱媛县初中里的内容过于相似，着实让我们吓了一跳。这种对锻炼主义、耐力第一主义的提倡，哪怕是进入二十世纪八十年代之后，依然不断继续着。这是日本学校现状的一个侧面。

---

① 指臀部置于脚踝，上身挺直，双手规矩地置于膝盖，身体端庄目不斜视的跪坐。

大家一起玩"过家家"

在被称作"管理主义圣地"的爱知县，孩子们现在的状况又是怎么样的呢？

小学教师B老师已有大概二十年教职经历，他任职的小学位于城市近郊，这里遍布着住宅公寓，孩子们的父母也大都是年轻的夫妇。

如今，最让B老师印象深刻的事情就是，孩子们的生活里没有实体，想要培养孩子们自立，却没有这样的基础：

"说起最近的运动会呀，父亲们都扛着摄像机，也抱有与之相应的教育理论，看上去非常帅气。但是，他们都没有斥责过孩子，更没打骂过孩子，没有参与到孩子的真实生活之中去。生活的全部都是'过家家'，不管是孩子还是大人，都没有忘我地玩耍过，也没有跟好朋友一起尽情地捣乱、搞恶作剧的体验。

"孩子会在作文上写'跟爸爸一起玩了接发球'。但是一问便知，是母亲对父亲说'你偶尔也陪孩子一起玩玩吧'，父亲便说'那就玩儿吧'，才不得不出来陪孩子的。既不是孩子主动说想要去玩，也没有什么亲子之间的交流对话。所谓家人，首先是这样一种在已经写好了的剧本之上，父亲、母亲、孩子各自扮演各自的角色，一起玩'过家家'的关系。好像每个人都虚空缥缈，都生活在虚幻的生活之中。

"正因为没有真正的生活，所以来学校发现内衣和袜子丢了也无所谓，室内鞋脏了也不洗，穿完就丢掉。这样一来，还说什么培养自立性呢，本来就没有培养这个的基础呀。

"班上三十三个孩子，妈妈有工作的只有三人，也就是说，大部分孩子家里都有专职主妇。但是，孩子身体不舒服，去跟家里联系的时候，妈妈却不在。她们都是带着BP机到文化馆去了。PTA的合唱活动和排球活动也很多……家庭访问的时候，到了公寓的房间里一看，每个家都像一个模子里刻出来的一样，散发着刺鼻的香水味道——因为用了芳香剂呀。家里面收拾得很整洁，好像跟妇女杂志里的插图一样，但是却连孩子在学校里吃饭的筷子都不洗，穿过的高价衬衣被随手放着……

"就在这样的状况之下，有个孩子为了能考上著名的六年制初高中学校而努力学习。那孩子学习很好，上课的时候也会自学高中的教科书，但是却没有朋友，体育也完全不行，在家庭课的烹饪实践上，拿着菜刀晃来晃去非常危险。他的父亲是大学教授，母亲是钢琴家。班主任老师向他的家长提醒说'还是稍微注意一下比较好呀'，家长却说'不用，孩子这样就很好'，完全不配合。老师们在教员室里开玩笑说'毕业的时候送他一根金属球棒吧'。"

B老师所描述的生活空洞化现象，对于养成孩子们的人格有着怎样的影响呢？汐见稔幸副教授这样说道：

"旅行的时候，如果自己不参与旅行计划，而是向旅行公司付钱，用他们制订好的计划的话，虽然方便，但是对于旅行的印象就不深刻，也不会在心里留下什么印记。与此相同，生活如果也变成了这种'毫无手感'的单纯的消费行为，就不能培养认知能力。在学校的学习也是类似的吧。"

也就是说，"消费型价值取向弱化了认知行为的体验感"。B

老师班上的孩子们正展现出了因这种关系而导致的结果啊。孩子们原本会在喜怒哀乐的情感经历之中劳动、玩耍、争吵等，以各种各样的方式与现实相碰撞，逐渐将知识、信息等认知能力转化为有血有肉的东西，慢慢形成情感丰富的人格。但如今，我们丧失了培养这些东西的现实体验的基础，认知的体验感也越来越薄弱。人们好像是在宇宙之中游泳一样，飘浮在毫无依靠的空间之中啊——B老师为此颇为担忧。

随声附和、随波逐流……

在岐阜县的初中里，锻炼主义、耐力第一主义依然残留着痕迹。这里又是怎样的呢？C老师如是说：

"在我的印象里，也许可以说是后退现象吧？孩子们变得越来越像幼儿了。比如说，运动会开幕式的时候会让学生们排队，最近，孩子们的队伍就总是排不直啊。队列歪歪扭扭，是谁从边上插进来了，孩子们自己也不知道。因为他们不知道自己和周围的关系啊。如果没有老师走过去提醒的话，孩子们是不会注意到的。

"前几天，发生了欺凌问题。四个人的关系一直很好，但是其中最弱的那个孩子，不知道什么原因，突然被其他三个孩子欺负了。他们把他倒着吊起来，晃来晃去，然后把他放了下来。接着又搬来了垃圾桶，把垃圾朝他的头顶一股脑儿倒了下来。不仅如此，还把腰带取下来套在他的脖子上，说着'这是我的宠物'，牵着他来回走。他们跟没事人一样，做出了如此过分的事情来。

养护老师偶然间注意到那个被欺负的孩子有点奇怪，带他到了保健室，各种询问之后才知道竟然有这样的事情。

"从前，大家就说被欺负的孩子是没有错的。但是，欺负人的孩子对自己的行为一无所知，他们想都不想就这么做了。事后，他们受到各种批评，姑且也会道歉，但要让他们回想一下，为什么自己会做这样的事情呢？应该怎么改正呢？他们也不知道。他们听不懂老师到底在说些什么。也许是因为他们缺乏作为人的感受性吧，不会进行自我审视。他们只不过是一次次面对各种情况、作出临时应对而已。

"还有一件，是一个一年级学生进行定向越野赛时的事情。越野赛的形式是让大家分成小组，以小组为单位经过具体标示点，环绕整个山地跑，但是孩子们竟然上了初一还不会读地图。有谁说一句'这边走'，其他人连确认也不确认，跟着就走了。结果，走错了路。整个过程就在左右徘徊之中结束了。

"只要有人大声喊出方向，想也不想就附和、随波逐流，不独立思考。看了孩子们的这副样子，我认为，这其中包含着法西斯主义的危险之处。"

D老师如是说道：

"我现在在做一年级的班主任。最近入学的孩子们，对于那些有主见、能够清楚说出好恶的孩子总是很反感。他们觉得那样的孩子是为了讨老师喜欢才这么做的。虽然那样的孩子也不是很听话的孩子。不用有主见，跟着大流行动就很安心，不用想这想那的，自己也轻松。随大流主义很轻松，跟大家一样选择容易走的路就好……这样的氛围越来越浓厚，而那些想要主张自我的孩子则沉默了，不再想展示出来。因此，也没有新的领导者出现。

引人注目反倒不好了，这样的想法越来越强烈。基于事实进行思考、发现真相的能力越来越弱，但是整个教育都不重视这一点。这让我感觉非常担心。"

可谓是生命力之源的思考能力正在减弱——在这两位老师看来，因此而带来危机不容小觑。

精神和身体的诉说

在"何谓教育"采访之后，孩子们的精神日渐异常的状态也不容忽视。恰恰就在《何谓教育——光明中的黑暗》出版的一九七五年前后，学校和医疗前线都发来了对此问题的警报。

当时，一九七三年，日本经济遭遇了石油危机，高度增长的进程突然被踩了刹车，在此时也依然带来了巨大的社会动摇。正在国外诸国都为此番震荡喘息的时候，日本转而开始节省力量、节省资源、强化劳动密度，拉长劳动时间，采取日本擅长的对内收紧。再加上大量对外出口的帮助，一九七六年，日本早早地从贸易逆差转为贸易顺差，并进入了下一阶段的经济强国之路。

在家庭中，父亲的缺位逐渐成为常态，在"男人工作，女人持家"的性别分工体制之下，家庭成为了企业战士的后方支援基地，而守护家庭的专职主妇们，则从一九七五年起，渐渐地走出家门，开始作为低廉的劳动力从事工作。经济战争的齿轮完全吞噬了每一个家庭，在"一亿总中流"幻想之下，每个人都为了能够拥有繁荣之梦而开始努力——可以这么说吧。

就像《何谓教育——光明中的黑暗》中描写的那样，根据分数对每个孩子进行"定价"，以此为基准进行甄别筛选，这种偏差值序列化体制虽然在当时业已存在，却在全社会经济至上主义的不断强化之下再次被煽动。而为了与这种价值观念保持一致，越来越多的父母"想要让孩子考入偏差值高的学校"，这种高附加价值的愿望也越来越强烈。如果在学校里消沉，就会从中产阶级跌落，甚至无法参与到将来的经济社会活动之中去。而这种不安，更是深深地推动着孩子们在学习上与他人竞争。而这种将孩子们也卷进来的行为，逐渐发生质变，开始朝着可谓压抑孩子人权的暴力方向前进。这一切也都是从这个时候开始的吧。

能够证明这一点的，是从这一时期开始，孩子们在身体层面的异化越来越显著了，家庭内部暴力、学校暴力、校园欺凌问题频繁发生。同时，在管理和压抑之中努力扮演"好孩子"角色，内心的痛苦通过身体症状表现出来，拒绝上学的情况也越来越多。

在因为《何谓教育——光明中的黑暗》进行采访，深入小学现场之后，我得知孩子们的身体陷入了"奇怪的状态"。例如，我遇到有的老师抱怨自己完全没法上课，已经到了上课时间，有的孩子却还软塌塌地瘫在桌子上，有的孩子则不停地来回走动。

日本体育大学体育研究所的一份关于教师、养护教谕、校医等的实际情况调查（一九八四年）从侧面证明了老师们的这个真实感受。调查说："最近，学生身体的问题越来越多。"据说，截至一九七八年，这项调查都没有引起一半以上的受访者关注，但是六年后的一九八四年，一半以上的人都能够举出七项"奇怪的状态"（①过敏　②驼背　③易疲劳　④从早上开始打哈欠　⑤摔倒不会用手扶地　⑥腹痛、头痛　⑦扎伤到眼睛）。例如，关于过敏，一九八四年的时候，77%的人有所提及，到了一九九〇年，据研究所的调查可知，提及此事的人竟达到90%，非正常的状态进一步扩大了。

我采访过的东京近郊的某家保育园，在一九九〇年的调查中显示，园内有两百名儿童，约有四成经常发生过敏性皮炎、哮喘、中耳炎等各种各样的过敏症状，总人数达到八十一人。在这家保育园，供餐的时候会针对症状特别严重的孩子提供"特殊餐食"。最近，在零岁入园的婴儿里，接近一半的孩子都需要这种特殊餐食。

进入二十世纪八十年代以来，在精神医疗前线逐渐引人注目的现象是身心症①的低龄化与多样化。从因精神原因造成的腹痛、痢疾、便秘、呕吐、胃溃疡等消化道系统症状，到哮喘、不定愁诉②、歇斯底里、斑秃、成人尿床、尿频，还有视力障碍、突发失明、耳背失聪，因走路障碍而不会走路，等等，从未听说过的各种病状纷纷出现。

同时，在二十世纪八十年代到九十年代还出现了另外一件让人担忧的事情，那就是A子老师所在的初中里发生过的，类似厌食症、过食呕吐症状的，被统称为饮食行为异常的病症。

孩子们在这十几年间，用他们的心灵和身体，努力地向世人告发着这个侵害人权的暴力管理的装置结构。

---

① 指因日常生活、工作、人际关系等所带来的心理社会压力而导致的身体层面的疾病。
② 医学用语，即原因不明的身体不适。

"正常化学校"的变身

在本书《看不见的牢笼》这一章里，玉上陆郎老师登场了。在战后教育史中必不可少的反对业务评定的斗争在爱媛县展开的时候，身为教导主任的玉上老师站在了斗争的最前线。

电话的另一边，玉上老师用他那中气十足的声音向我们讲述着。距离那件事已经过去了十八年，如今又是怎样一幅光景呢？我想进行一个采访。"啊，刚刚好呀。周五晚上，老师们进行了小小的集会，互相说了说最近的教育现场都发生了什么事情。"老师如是回答。我立刻去了。

当晚，我侧耳倾听着老师、父母和高中生们的谈话，眼中浮现出了那令人怀念的采访画面。因为我觉得，现在依然如旧，当时的状态已经生根蔓延了。比如，那是一种与本书在"正常化学校""被束缚的人们"两节中所介绍的管理至上的学校景象极其相似的状态。

但是，时间毕竟也并未停止。因为有的学校在"正常化学校"的风土变化后，也发生了令人震惊的变化。例如，松山市立久枝小学便是如此。这所小学向父母们发了一份用电脑打印的、半页纸左右的题为"从校长室的窗户向外望"的材料，解说学校正在推进的"新型教育"。首先说明的是，教育改革的目标为何。

久枝小学希望能够培养"活出自己的久枝之子"。为此，本校力求推进遵从孩子个性、培养孩子自律的教育。

您的孩子会与环境（教材）相遇，找寻自己的兴趣爱好、欲望与疑问，以被称作新的学习能力的人性的力量为源泉，快乐地、忘我地生活、学习，老师们会乐于接受、认可，并给予鼓励。构建良性人际关系，在与他人的交流体验之中，慢慢地培养一颗能让自己变得更好的心。

具体怎么做呢？

把孩子当作主人公（自由、自律、自我承担责任之人），①打造自学的课堂，老师扮演奠定基础和提供帮助的角色；②打造明亮而柔和的班级，老师不表扬、不批评，发现孩子本真的样子，给予鼓励支持，与孩子一起快乐；③比起乐观开朗，更重视哪怕是不明了的、令孩子格外珍贵的一个瞬间。

同时，据说到目前为止，学校已经做了如下的改革：

不再打铃。
把考试变成了答题游戏。
取消了家长联络本上（一分至三分）的评价。
取消暑假作业，进行个人化定制。
修学旅行要准备服装和零钱，行动自由决定。
取消了运动会上算分数、应援比赛和列队入场。
取消全校音乐会，以分组学习发表会的形式进行。
取消集体上学，采取自由上学形式。

　　取消年级委员，改为轮流或值日。

　　取消全校校长训话，以年级为单位，按照上课的方式进行。

　　处理拒绝上学、偷盗、校园霸凌问题时，将心理安定视为第一要素。

　　取消集体大扫除，时间自由掌控。

　　推迟上学时间，增加玩耍时间。

　　取消表彰大会，改为通知栏公示。

　　这是公立小学里正在进行的改革。与之前的"正常化学校"相比，有着革命性的变化。相对扩大管理范围，挂上"整齐划一""清洁""肃静"等空洞的行为标语，把孩子关进学校这个牢笼里的时代而言，这显得相当不真实。大人们私自决定了模板，孩子们被塞入其中。将光滑无瑕、整齐划一的商品排成一列端详，并为此开心不已的校长们，现在又身在何方呢？

比知识更重要的是干劲和态度

　　在曾经的"正常化学校"里，一定不会发生这样的事情。就算是有某个特立独行的老师提了这样的建议，也会被人一笑了之，或者被当作"奇怪的人"。之所以会在今天大手一挥就被通过了，是因为文部省发出了巨变的信号。

　　在中曾根内阁时代，曾经颇具话题性的临时教育审议会（一九八四年至一九八七年）针对教育改革和教育课程审议会进行了问询（一九八七年）。文部省接受了这些内容，并于一九八九年公布了新版《学习指导纲要》。根据此《指导纲要修正案》，小学从一九九二年度开始，初中从一九九三年度开始，高中从一九九四年度开始，改革教育内容和评价体系。在从旧走向新的混乱之中，学校正在痛苦地挣扎着。

到底是什么在转变？又是怎样转变的呢？

例如，像我这样的外部人士，在对老师们进行采访的时候，最容易理解的点就是评价方式的改变。在教育课程审议会问询中，"培养具有自学意识、对社会变化具有主体性应对、内心富足、生活坚韧之人"这一《指导纲要》改订方针得到了提倡。在此基础上，英语、数学、理科等科目的成绩评定和俱乐部活动等教学科目以外的评价，都将以"意欲、关心和态度"为最高的权重进行打分。而在此之前的评价体系里，比这些更重要的，则是"知识·理解""思考·判断""技能·表现"的评价尺度。

如果用大白话来解释文部省和教育现场的这个"新学力观"的，那就是，哪怕考试成绩不大好，只要有干劲，努力学习，认真听老师的话，踏实肯干便好，只要在心理层面和性格上有可取之处，就能得到高分。

当然，教学课程之外的评价也是如此。在班级活动、儿童（学生）会活动、俱乐部活动、学校活动中如何表现，也是从"意欲、关心和态度"方面来进行评价。除此之外，还有"自主性、坚韧不拔""爱护自然""勤劳奉献""公共之心"等项目也将由老师来评定，感觉满意就画上圆圈做记号，而孩子们的特点、特长、志愿者活动、被表彰的行为等也将成为评价的内容。

从知识、技能优先变成意欲、态度优先。通过各种各样的项目来评价孩子人格的每一个侧面。以文部省的这个方向转换为前提，久枝小学的这个"革命"也并不令人觉得不可思议。在刚才介绍给各位的那一页纸上，还写着以"久枝小学的目标是——欲速则不达！心灵教育"为题的一篇文章：

> 依据文部省最新《学习指导纲要》的主旨，从统一以记忆为重的知识、技能中心主义（"旧学力观"）教育，转变为重视每一个孩子的兴趣爱好、意欲和态度（"新学力观"）。

> 首先要保证时间充足、心情舒畅放松，从目前的自我出发，积极地思考、决定、行动，从中获得活着的实际感受，强化对自己的信任。这样，就连本人也没注意到的隐藏能力就会迅速被激发。而在这一过程中，孩子们会展现出令人惊讶的努力。哪怕是失败了，心灵也不会被打败，孩子们会获得一种持续的、为了下一个目标前进的向上之心。

> "成为自己的主人"，随着这种思想的逐渐强化，生命的动力（向上之心、干劲、拼搏）就会随之产生。在家里和学校的日常生活中出自自我感受的欲望会积累起来，成为面临考试、就职、恋爱等大的人生抉择时自己努力向上的强有力的毅力与行动力。这才能展现出最棒的成果吧。

> 各种各样的压力追赶着孩子们，让孩子不再是孩子了，这样的言论铺天盖地。为了不让孩子们变成没有心的机器人，家长和老师一定要用心，否则一定会遭到报复。我认为，讨厌学习也好，校园欺凌也好，偷东西也好，不上学也好，究其根源，都是孩子们为了找到丢失了的自我，而做出

的微弱努力啊。

对于人来说，只有发自内心，才能够切切实实地进行强有力的改变。对于被催促的孩子来说，一旦别人允许他按照自己的想法进行思考和行动，起初总是会跳脱常识，做出令人讨厌的事情来。但是，将其看作是找寻真正自我的一种明显的象征，就会接受其中微弱的益处，也会想要给孩子以鼓励的。

"这到底算什么幸福科学风的让人感动的话啊。"我们苦笑道。但是，这便是文部省所推行的"新学力观"在教育现场被接受和推行的一个具体例子。

转换方向的理论

在引发了学校现场之巨变的地震源头——文部省里，到底发生了什么呢？

临时教育审议会的问询刚出来的时候，我们见到了一位与转变"新路线"相关的文部省官员。他不说那些像国会政府答辩一样的生硬套话，是个不怎么像官员的人物，以下是我们的问答。

问："转换路线的想法是从何处而来，又将通向何方去呢？"

答："很遗憾，这不是官员们的想法。直接的导火线应该是临教审的讨论吧。学历社会的弊端呀，对信息化、老龄化社会的应对方法呀，围绕教育问题的背景有各种各样的争论，说到底是对文部省行政思维方式进行的彻底改革。'学校教育在十八岁的时候就定胜负了''去了哪里，就决定了人生的价值高低'，像这样的教育体制应该被摒弃。一直以来的，把传授知识、信息当作教育的这种思维方式，也是不对的。然而，虽说学历社会有很多弊端，这些人自己的儿子女儿都是走东大路线的，场面话谁不会说呢？简单的事情并不会颠覆一直以来的思维方式。虽然教育现场和县教委也是如此，但如果没有文部省的思维方式首先发生一百八十度的大转弯的话，这事情就没法进行了……就这样，当时真的是彻夜深入讨论，反复论证才有了这个结果呀。"

问："不只是临教审所带来的外部压力，孩子们的状态也是导火索吧？"

答："当然。有这个原因。拒绝上学的孩子、从高中退学的孩子等，那时候大概有一万四千人，关于这些情况，我们收集了深入而详细的资料。但是，政府并不积极应对。于是才有了外部压力。有人以此为契机，把事情引到了转换轨道的路上，但是那时候，还没有到所有的齿轮都互相咬合、转动巨大风车的地步。究竟会走向何处？能够看到遥远的未来，但是具体要怎么开展？接着要进行测量、运送枕木、铺设铁轨……大概就是这些事情吧。单凭五门科目纸头考试的总分就判断一个人的优劣，这是不对的。大家对此没有异议，但是要怎样改变呢……首先，父母们对于专业考试的抵触就很强烈呀。"

如此番话语所述，当在文部省内开始着手方向转变的时候，文部省的中坚官员们关心的是拒绝上学的孩子人数激增的问题。小学生、初中生拒绝上学的问题，在进入二十世纪八十年代以来持续增加。据文部省《指导学生诸问题的现状与文部省的对策》

（一九九二年十二月）称，作为"一九九一年儿童、学生的不良行为的特征"，小学生和初中生拒绝上学的人数从一九六六年开始调查以来达到了最高值。

"对文部省来说，现在最大的问题就是拒绝上学。因为这个增长方式是他们想也没想到的呀。孩子不来，学校就没法继续运转。所以现在才让民间办起了像私塾之类的学习场所，用来让拒绝上学的孩子们来听课。"某位官员这样说道。二十世纪六十年代初期，经济高度增长政策马上要起效的时候，学校教育被视作"人力开发政策"，是经济政策的重要一环。用考试成绩来检测"能力"，以经济政策为导向判断每个人的优劣，决定他们的人生道路，就是在那个时候，"能力主义"的体制开始运转起来了。从那时起，人们就开始用偏差值来给孩子"定价"，用排序这个选拔机制将孩子与老师割裂开来，通过心与心的交流培养教育的空间这一方式从学校里消失了。

让人们意识到，不把长久以来持续运转的机器停下来就会很危险的，是那些拒绝上学的孩子们。从各位官员口中，我得出了这样的信息。

"闲暇时光""生活费""体验式学习""学校五天制""废除专业考试"……这些与"新学力观"相关联的动态，试图将教育政策中长期以来的矛盾问题一扫而光。

学校五天制刚刚施行的时候，在《朝日新闻》的纸面座谈会上，从文部省终身学习振兴课长的话中也可以感受得到：

> 现在的孩子们非常忙。让他们拥有闲暇时光是非常难的。（五天制的）目的就是让他们能够有更多自然体验和真

实生活的体验……希望孩子们在遇到困难的时候，有能力自己做判断。改变社会上一味重视学历的意识也很重要。改变知识才是学习能力的想法，希望教育能够培养出自由的、有主体性的孩子。从这一点来看，五天制对于老师、文部省来说，都是重新审视之前的教育的一个很好契机。如果这个社会不能让孩子们快快乐乐地好好成长，日本的将来真的会危机重重。

也有人说"五五年体制"①崩溃了。但是，五五年旗帜在教育界举了将近四十年，曾经是"永久政权"自民党政权所推行的，可这种文教政策到底造成了怎样的矛盾与悲剧？当局对此问题完全没有进行检举求证和总批判，便摇身一变挥起了转换的旗帜。不触及在经济至上路线上一路狂奔的、以企业为中心的国家体制的基础构造，仅仅在教育层面转换装置，这难道不是徒增矛盾吗？

看着这带着"新"字的，像广告一样的文件，曾经的教师如是说道：

"最近，教育委员会的人们说起老一辈的校长啊、教导主任啊，像是在说一群废物一样，毫无用处，净是碍眼。取而代之开始活跃起来的，是三四十岁作为中坚力量的一群有志气的精英们。比如在市教委的分科研究组织的核心部门活跃着的人们，就

---

① 日本政坛在一九五五年出现的一种体制，即政党格局长期维持执政党自民党和在野党日本社会党的两党政治格局。在"五五年体制"下，自民党长期执政，牢牢控制日本经济，将日本引向了经济至上路线，创造了日本的经济奇迹，同时也带来很多社会问题。一般认为该体制结束于一九九三年。

在文部省—教育委员会—学校之间起到了媒介传播的作用，向他们解释何谓'新学力观'。"

这些"活动家"，也是在曾经的业务评定斗争中脱离日教组，选择与县教委同行的工会成员。

在本书的"正常化学校"一节中登场的曾经历过业务评定斗争的老师们，已经到了退休的年龄，而下一代的年轻老师们，则开始朝着"新的正常化学校"的方向，开始进行着改革。

生存基础开始崩溃

"请你一定要讲述一下这样的状态。我们想知道这到底是什么，想从根本上弄清楚眼前这些事实的真实意义。"

老牌保育园园长E老师如此说道。她长期在保育园的现场观察着幼小孩子们的状态。E老师所说的"眼前这些事实到底在诉说着怎样的故事，请一定要找到这些事实背后的本质"，正是纪实文学本身的要求。

E老师工作的保育园位于东京近郊的巨大住宅地区。这所保育园在一九八一年和一九九〇年，针对大约五百个有婴幼儿的家庭，进行了两次关于生活实际情况的调查。调查显示，从整体上来讲，孩子们的生活都夜晚化了。

比如晚饭时间。一九八一年调查的时候，晚上七点半吃饭的孩子占88.7%，一九九〇年这一数字则减少到了69.3%。

当然，睡觉时间也会往后推。一九八一年，在晚上八点半到九点之间睡觉的孩子有41.3%，之后这个数字减少了17.7%，在九点到九点半之间睡觉的孩子也从 40.6% 减少到 32.4%，而再晚一些睡觉的孩子的比重则增加了。

这种夜晚化生活状况的背后，是父母们的长时间工作。大概也是因为，八成左右的父母都是三十多岁正值工作的年龄，有 40% 的父亲到了晚上九点还没回家。十一二点回家的人也不在少数。

爸爸们里面，有的人半夜三点才睡觉，也有的人早上四点就得起床出门去公司了。从父亲们的生活安排上也能看得出来，日本社会是以企业为中心的，二十四小时不睡觉、开足马力地运营着。我认为，社会的节奏、家长们的工作节奏支配着家庭的节奏，撼动着孩子们的生活啊。而且，全社会都这样电脑化了，与之前相比，孩子们的生活品质发生了巨大的变化呀。

时间被企业以效率至上的利益第一主义的运转支配着，人们的生活被搞得团团转。不仅如此，生活的内容也越来越空洞了。这是从生活中得到的真实感受。

不只是家庭之外，连家庭内部也被电脑社会化的网络所笼罩了，大家都默默地、被迫把生活调整成了适应电脑的模式，不知什么时候，都被调整成了与之相适应的生活方式。思考能力越来越弱，再也不会迂回曲折了，而是直截了当地按照程序的安排，随波逐流地用掉了"活着"的时间，只留下了无意义的生活。再没有能够真实感受"活着"的生活了。在空虚而空洞的生活里，孩子只不过是虚无地度过每一天罢了。

尽情玩耍，被紧紧拥抱，像在母体内一样被爱抚，与他人产生热烈的感情，忘我而尽情地在山野中奔跑——现在的空虚日子与这些事情都毫不相关，孩子们被剥夺了培养人性的基础。

这些大概就是融合了E园长想要跟我诉说的内容和我想说的内容吧。在这充满了空虚的沮丧之中，E老师每天一定都用悲伤的心情，注视着这些不得不迎接二十一世纪的孩子们的生命。

到底是怎么回事？我们生活的这个现实，最本质的构造是什么……我想让孩子们的生活状态与这个东西紧紧地贴在一起，想给孩子们看看。

而我们在"追踪采访"之中所遇到的孩子们的生活状态，也映照出了E老师直观感受到的"现代的桎梏"。不只是自然环境、社会环境，也包括与孩子相关的大人们自身的"人的环境"，孩子们生活的基础正在发生着带有戏剧性的、速度与深度上的变化。而在这个变化之中，学校超出了"成为教育产业"的次元，正面临着被质疑存在理由的危机——在我看来，教育现场的人们那苦涩的表情，正在向我如此诉说道。

对于从内部侵蚀孩子人格形成的那股力量来说，学校无法抵抗，只是空洞地、茫然地站在那里，这实在令人不快。孩子的问题不应只停留在教育的层面。如果只是执着于这个层面，人们就无法找到解决教育闭塞状况的出路。我的这个想法非常强烈。

那么，学校真的是一具"尸体"吗?《何谓教育——黑暗中的光明》会对此问题进行追踪采访。

译后记

《何谓教育——光明中的黑暗》一书的翻译工作从二〇二一年的春节后开始，一直持续到四月下旬，前后总共花费了两个多月的时间。翻译这本书时的心境，恰如经历新冠肺炎疫情时，从最初的如临大敌，逐渐过渡到安之若素。最初接到翻译任务时，心情当然是紧张的，毕竟这是我头一次翻译一部完整的书稿。幸好这本书翻译起来并不困难，远不如翻译学术论文时让人抓耳挠腮、举步维艰。

斋藤先生的语言直白犀利，具有一种强烈的记者特征。本书的阅读体验就像是跟着作者的调查线索逐渐去探寻一段段被尘封的往事般。斋藤先生细致入微的笔触，时常让我感受到时代变迁的疏离感，在翻译时我有时会想：原来那时候的日本有着如此严重的教育问题，教育的重负竟压迫人至如此地步，简直不可思议。但书中所提到日本在二十世纪七十年代的教育状况，却在我译完全书之后时不时地如魅影一般在脑中闪现。每当我在现实生活中看到有关孩子教育问题的新闻，或是在大学里与学生接触交流，倾听他们诉说自身的经历，我总会想起这本书中所记录的，被畸形的教育体制折磨甚至失去生命的孩子与大人们的事例，彼时彼地的血淋淋的教训恰如此时此地活生生的现实。

斋藤先生的文字注重讲述，令读者能够发散思维，并深入地思考。学校的任务不只是传授知识，教育一事也绝非师授生学那么简单。经济状况、社会发展进程、政策制度、社会思潮等一系列背景因素形塑了学校教育的导向。而作为鲜活的个体，教师和学生都被卷入其中。书中一个个令人唏嘘的故事不仅是一种记录，更在呼唤着读者对现有的社会发展模式进行反思。

我在博士期间专攻日本当代女性文学。从女性主义的角度思考本书所涉及的教育问题，尤其是家庭中育儿职责的性别分工、"教育妈妈"现象、女性教师的职场困境等，这些亦使我深深觉察到，斋藤先生的记录都提供了颇具典型性的思考素材。另外，日本文部省在战后逐渐强化的《学习指导纲要》和二十世纪六十年代以来日本全社会对"能力主义"的推崇，扼杀了民众对社会多元化发展的追求，同时也加深了对弱者的践踏。从这一点来看，女性主义的批评范式或许也有其可用之处。

在本书的翻译过程中，我得到了许多人的帮助。难以一一列举，在此谨向以下诸位着重表示感谢：复旦大学日本研究中心的王广涛副教授，感谢他向出版方推荐了治学尚浅的我；浙江人民出版社编辑郦鸣枫老师，感谢她使我获得翻译此书的机会；同社编辑周思逸老师，感谢她细致耐心的文字工作；我的丈夫李喆兮，感谢他在我翻译此书的过程中给予我鼓励与支持，并逐字逐句对照原文，认真为我校对书稿、指出错误。

最后我还要声明的是，译稿的文责皆在我，读者若对此书的翻译有任何疑问或批评指正，可通过邮箱wtianran@fudan.edu.cn联系我。

王天然

二〇二二年一月